新時代の

中等教育実習
事前・事後指導

教育実習の成果を より実り豊かに

土井進

ジダイ社

はじめに

　教育実習を前にして本書を手にされたみなさんは，教職への第一歩を踏み出すことに大きな喜びを感じるとともに，不安な気持ちも抱いていることでしょう。

　事前において，不安な気持ちに満ちていたみなさんが，事後において，「本当によかった」「人間として大きく成長できた」と充実した気持ちで振り返ることができるように，本テキストを作成しました。

　さて，教育という営みは，生徒を「よくする」という仕事ですが，では，生徒を「よくする」とはどういうことかと自問したとき，実は誰もがわからなくなります。にもかかわらず，教師は「よくする」ための営みに日々取り組みます。

　このように，教育はパラドックス的性格をもちます。みなさんが教育実習を前に不安の念にかられるのは，教育のパラドックス的性格と関係しているといえます。それは，「人間として成長途上の私が，生徒を『よくする』ことなどできるのか，教壇に立てるような資質能力があるのか」というおそれとつつしみではないでしょうか。

　しかし，こうした教育へのおそれとつつしみの思いをもつことは，教育者が生涯忘れてはならない初心であるといえます。教育にはパラドックスという明らかな困難がありますが，だからこそ，その困難に立ち向かい，教育をおそれつつしみ，あえて教育の仕事を引き受けようとするところに教師としての使命感があるといえます。

　青年時代の今を生きている中学生や高校生の前に立ち，生徒に背中で教える教育実習の場に立とうとしているみなさんに，彫刻家で長崎の「平

和祈念像」の製作者，北村西望（1884-1987）の言葉を贈ります。

　自分の本当に　好きな事が　見つかつたね
　一生懸命　やる事です
　それには自分の心が　清くなければなりません
　即ちうそや人の迷惑に　なるようではいけません
　「たゆまざる　歩み　おそろし　かたつむり」
　　　　　　　　　　　九十五才　北村西望

　教育実習を通して，教職を「自分の本当に好きな事」として再確認されることを期待しています。中学生や高校生は，真摯な実習生の授業を受けることを楽しみに待っています。他人のために役立つ喜びの中に，人としての生きがいがあります。忍耐とは，自分を抑えることではなく，希望をもって耐えることです。
　みなさんのご健闘をお祈りしています。

　本書の刊行に至るまでに，ジダイ社の佐々木隆好社長に多大なるお力添えをいただきました。ここに記して深く感謝申し上げます。

　　　　　　　　　　　　　　　　　　　著者　土井 進

目　次

第3部　事後指導

第1部
事前指導

第1章
教育実習を受ける前の準備

　中学校や高等学校における教育実習を中等教育実習，小学校における教育実習を初等教育実習とよんでいます。通常は区別しないで，どの校種においても，単に「教育実習」とよんでいます。

　中学校教員免許を取得するためには4単位（120時間，3〜4週間）の教育実習が必要です。中学校教員免許を取得するために修得した教育実習の単位は，高等学校教員免許に必要な単位としてもみなされるので，高等学校教員免許を取得するために改めて教育実習を受ける必要はありません。高等学校教員免許だけを取得する場合，2単位（60時間，2週間）の教育実習が必要です。高等学校教員免許の取得を希望しさらに中学校教員免許の取得を希望する場合，高等学校または中学校で4単位の教育実習が必要です。中学校教員免許を取得する場合，小学校・中学校・高等学校で教育実習を行うことができます。高等学校教員免許を取得する場合，中学校・高等学校で教育実習を行うことができます。

　教育実習の単位を修得するためだけ，という安易な気持ちで教育実習に臨むことは，実習生受入校の先生方や，二度とない学校生活を送っている生徒にとって大変迷惑なことです。このことを十分に考え，実習前の準備に励み，実習に全力で取り組み，実習終了後にはしっかりと自分の実践を振り返り，自らの学習成果と課題を把握し，教師としての実践的指導力の基礎を身につけていきましょう。

（1）教育実習の意義

　教育実習は，大学で履修した教職課程における学びをもとに，中学校や高等学校の生徒の教育に直接携わることを通して，教育の意義や内容・方法を学ぶことをねらいとしています。また，教育実習は，日々生き生きと活動している生徒の個性や能力の特性を知り，生徒一人ひとりが自分を高めていけるような指導のあり方を学ぶ貴重な場です。この体験を通して，教師としてのものの見方や考え方，気持ちのもち方等を身につけ，教師を目指す者としての資質能力を高めていきます。

　さらに，生徒と生活を共にし，指導する立場を経験することにより，次代を担う若い生命に対する敬愛と，一人ひとりを育てる教育の使命の重大さを胸に刻み，生涯にわたって「学び続ける教師」となることを決意する機会でもあります。

　教育実習は，単なる経験や練習ではありません。毎日毎時間，かけがえのない成長を続けている生徒の中へ，やり直しのきかない授業の実践者として参画するのです。したがって，これまでの教職課程での学修を基盤として，生徒の一生懸命な姿から謙虚に学ぶとともに，自らも全力を尽くして授業に取り組まなければなりません。そして，ありのままの自分を振り返り，新たな自己課題を認識し，把握することを繰り返すことを通して，教師を目指す者としての資質能力を高めていくことに，教育実習の意義があります。

　このような教育実習の意義をまとめると，次のようになります。

・理論と実践をつなぐ場

・教育への情熱を確認する場

・教育者としての態度を確立する場

・実践的指導力の基礎を身につける場

（2）教育実習の目標

　教師としての第一歩を踏み出し，学校教育の実際を体験的・総合的に理解するとともに，大学で学んだ専門的な知識・技術等をもとに，学習指導や学級経営を実践するための基礎（実践的指導力の基礎）を修得することが，教育実習の目標となります。こうした教育実習の目標を具体的に考えた場合，次の六点のように整理できます。

【教育実習の目標】

ⅰ）**教育者としての愛情と使命感**

　生徒に対して真心をもって接し，教育愛に目覚め，教育の使命の大きさを身をもって知り，希望をもって今後の学修に臨めるようになる。

ⅱ）**学び続ける教師としての自覚**

　学校現場での具体的な学びを通して，自己の能力，技術，態度等について，新たな課題を発見し，研鑽の必要性を自覚する。

ⅲ）**高度な専門性に触れる**

　各教科，特別の教科である道徳，特別活動等の授業を観察し，参加することを通して，生徒の個性を活かした専門性のある指導に触れる。

ⅳ）**授業力の基礎を身につける**

　生徒の実態を踏まえ，授業を構想し，学習指導案を作成して授業を実践し，振り返り，課題を把握して次の実践につなげる力を身につける。

ⅴ）**生徒指導の実際に触れる**

　生徒理解にもとづく学級経営や，基本的な生活習慣の指導，提出物の点検や小テストの採点等の実践を通して，生徒指導の実際に触れる。

ⅵ）**チームとしての学校の一員という認識**

　教職員や学校関係者と共に，教育活動に取り組むことを通して，チームとしての学校の一員として教育の仕事に携わることの重要性を学ぶ。

（3）教育実習事前・事後指導とは

　昭和63年の教育職員免許法の改正，平成元年の同法施行規則の改正によって，教育実習の単位数には教育実習に係る事前及び事後の指導（「教育実習事前・事後指導」）1単位を含むこととされました。それまで，大学は教育研究機関であるから「実践」に関する内容はすべて「学校現場」が指導するという慣例にしたがって，教育実習の事前から事後に至るまでの指導の大半が実習校に任されていました。しかし，教育実習生が増加するにつれて学校現場の負担が過重になるとともに，初任者研修制度の創設（平成元年度から学校種ごとに段階的に実施）に象徴されるように，新任教員の実践的指導力や使命感を深化する視点が重視されるようになりました。

　このような背景から，「教育実習」の単位（小中学校5単位，高等学校3単位）の中に「事前・事後指導」（1単位）を含めて構造化を図り，「事前・事後指導」を大学が責任をもって授業を開設し，評価することで，実践的指導力の基礎を育成するよう制度改正が行われました。

（4）中等教育実習事前・事後指導の意義と目標

　「中等教育実習事前・事後指導」は，中等教育実習の事前と事後に行う教育実習に関する指導を通して，教育実習の目標の達成をより確かなものにするために行うものです。

　教育実習の事前における指導は，大学における教職科目と教育実習との間の距離を可能な限り埋め，学生が教育実習にできるだけ抵抗感なく臨めるようにするとともに，教育実習に際して求められる必要不可欠な基礎的・基本的な事柄を確実に身につけることを主たるねらいとします。

教育実習の事後における指導は，学生が教育実習を通して学んだものを，教育実習前の自己の教育観，学校観，生徒観等と対比しつつ整理することによって，教職について自分なりに考察し，卒業するまでに深めておくべき自己の課題を明確にすることを主たるねらいとします。

　教育実習の事前・事後指導を実施することで，教育実習の成果をより実り豊かなものにすることができます。また，教育実習が大学教育の中に明確に位置付けられるようになりました。

　「中等教育実習事前・事後指導」を履修することにより，学生は以下に示す力を身につけることが求められます。

- ・教育実習への正しい認識を深め，意欲的に取り組む姿勢をもつことができるようになる。
- ・これまで大学で学んできた教職教育をより実践的な観点から再構成することができるようになる。
- ・現在の教育界に関する幅広い認識と理解をもつことができるようになる。

（5）教育実習を履修するための要件

　教育職員免許法及び同法施行規則は，中学校教諭一種免許状，高等学校教諭一種免許状を取得するために必要な単位数を表1のように規定しています。多くの大学では，教育実習を実施するうえで最低限必要な知識・技能を身につけておくために，教育実習を受けることができる要件として，この表のうちそれぞれ何単位以上を履修済みであること，といった「履修要件」を定めています。

　また，各大学が定める履修要件のほか，教育実習を履修する学生は，次

表1　中学校教諭一種免許状，高等学校教諭一種免許状の取得に必要な単位数

科目・事項			中	高
教科及び教職に関する科目	教科及び教科の指導法に関する科目	教科に関する専門的事項	28	24
		各教科の指導法（情報通信技術の活用を含む。）		
	教育の基礎的理解に関する科目	教育の理念並びに教育に関する歴史及び思想	10	10
		教職の意義及び教員の役割・職務内容（チーム学校運営への対応を含む。）		
		教育に関する社会的，制度的又は経営的事項（学校と地域との連携及び学校安全への対応を含む。）		
		幼児，児童及び生徒の心身の発達及び学習の過程		
		特別の支援を必要とする幼児，児童及び生徒に対する理解		
		教育課程の意義及び編成の方法（カリキュラム・マネジメントを含む。）		
	道徳，総合的な学習の時間等の指導法及び生徒指導，教育相談等に関する科目	道徳の理論及び指導法	10	8
		総合的な学習の時間の指導法		
		特別活動の指導法		
		教育の方法及び技術		
		情報通信技術を活用した教育の理論及び方法		
		生徒指導の理論及び方法		
		教育相談（カウンセリングに関する基礎的な知識を含む。）の理論及び方法		
		進路指導及びキャリア教育の理論及び方法		
	教育実践に関する科目	教育実習	5	3
		教職実践演習	2	2
	大学が独自に設定する科目		4	12
合計単位数			59	59

教育職員免許法別表第一，同法施行規則第４条，第５条より（令和６年４月現在）

の要件を満たさなければなりません。

　　・資質能力にすぐれ，教職につく意思の強固な人
　　・実習校の正常な教育活動を妨げるおそれのない人
　　・感染症疾患等身体上の異常がない人

（6）教育実習校の決定

　教育実習校はどのようにして決定されるのでしょうか。以下に，実習校の決定から教育実習実施までの一般的な流れを示します（図1）。

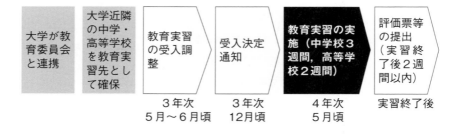

図1　実習校の決定から教育実習実施までの一般的な流れ

　教育実習の実施に際しては，大学が地元の教育委員会と連携し，近隣の中学校，高等学校を実習先として確保するとともに，実習期間中は大学の担当指導教員が実習校を訪問して，ていねいな実習指導に努めることが一般的です。

　母校実習については，平成18年の中央教育審議会答申で「大学側の対応や評価の客観性の確保等の点で課題も指摘されることから，できるだ

け避ける方向で，見直しを行うことが適当である」と提言されています。このように，教育実習の実施にあたっては，大学による教育実習指導体制や評価の客観性の観点から，遠隔地の学校や学生の母校における実習ではなく，可能な限り大学が所在する近隣の学校において実習することが望ましく，そのためには，大学が地元の教育委員会や学校と連携して，近隣の学校において実習先を確保することが求められます。

　やむを得ず遠隔地の学校や学生の母校における実習を行う場合，大学は，学生への指導体制が機能するよう，実習先の学校と連携をはかり，学生への適切な指導，公正な評価となるように努めます。また，学生は，教育実習を開始する前年度には母校等を訪問し，教育実習の受入の内諾をいただけるように努めます。

（7）中学校３週間（高等学校２週間）の教育実習の流れ

　中学校での３週間の教育実習の流れは，概ね以下のようになります。

【第１週】

　学校，学級，生徒を知ることに努めます。

　第１週では，「観察実習」を中心に実習を行います。学校現場の教育活動全般を観察します。例えば，授業の様子を観察したり，日常の生徒の様子を観察したりします。

【第２週】

　教育活動に参加して指導方法を学ぶとともに，生徒への理解を深めることに努めます。

　第２週では，「参加実習」を中心に実習を行います。指導教員の指導を

受けて，指導教員と共に実際の教育活動に参加します。例えば，授業中に特別の支援を要する生徒の個別指導を行ったり，授業で使う教材の準備をしたり，登下校時の安全指導の補助をしたりします。

【第3週】

　授業を中心に実習を行い，指導技術等の理解を深めます。

　第3週では，「授業実習」を中心に実習を行います。あらかじめ指導教員の指導を受けて学習指導案を作成し，教員に代わって実習生が実際の教育活動を主体的に行います。また，全日実習を行い，実習の成果を確認します。

　教育実習の総まとめとして，学習指導案の細案を作成し，研究授業を実施します。授業後に開かれる授業研究会（lesson study）で研究授業を振り返り，教育実習を通して学んだことを整理します。

　高等学校での2週間の教育実習の流れは，第1週において「観察実習」と「参加実習」を行い，第2週において「授業実習」を行うのが一般的です。ただし，高等学校によっては，教育実習期間中に運動会などの学校行事を計画しているところがあります。この場合は「授業実習」の時間数を確保するために，第1週の後半から「授業実習」を行うこともあります。

（8）教師に求められる実践的指導力

　教育実習の重要な目標の一つに，教師としての実践的指導力の基礎を身につけることが挙げられています。教師に求められる実践的指導力とは何かを考えてみましょう。

【教職課程を履修しようと志したきっかけ】

みなさんは，どのようなきっかけで教職課程を履修しようと思ったのでしょうか。「中学校や高等学校時代の先生に憧れていたから」，「教師という職業に魅力を感じたから」，あるいは「優れた先生に出会い尊敬しているから」など，さまざまなきっかけがあったことでしょう。

一方で，生徒や保護者，地域社会は，どのような教師を求めているのでしょうか。

【教職に対する強い情熱】

教師は，何といっても子どもが好きでなければなりません。子ども一人ひとりに深い愛情を注ぐことが大事です。また，教師という職業は，子ども，保護者，地域社会の信託に応えなければなりません。すなわち，子どもに対して深い愛情をもつとともに，教師という仕事に対する誇りや情熱，責任感をもつことが求められます。

【教育の専門家としての確かな力量】

学校は，知・徳・体の調和のとれた「生きる力」をもった人間を育てるところです。教師は，こうした人間を育てることができる専門家としての力量をもっていなければなりません。教育の専門家として求められる力量とは，例えば，子どもを理解する力，子どもを的確に指導する力，学級集団や学級づくりができる力，学習指導案の作成や授業づくりができる力，教材を解釈する力などが挙げられます。とりわけ，「教師は授業で勝負する」といわれるように，特に重要な力量は，わかる授業ができることです。

こうした教育の専門家としての力量が，教師に求められる実践的指導力といえます。優れた実践的指導力（practical teaching ability）をもつ教師が，社会から強く望まれています。

【総合的な人間力】

　教師には，子どもたちの人格形成にかかわる者として，豊かな人間性や社会性，常識と教養，礼儀作法などの人格的資質，さらには対人関係能力，コミュニケーション能力，課題解決能力などの社会人基礎力を備えていることが求められます。また，他の教師や養護教諭，栄養教諭や学校事務職員，スクールカウンセラーやスクールソーシャルワーカーなど，教職員や学校に関わる専門家等と共に，チームとしての学校の一員として協力・協働する姿勢が大切です。

　このように，教師を目指すみなさんは，社会の要請に応えられるように「総合的な人間力」を常に鍛えることが求められます。

【高度専門職としての教師】

　教育公務員特例法第22条の２第１項の規定に基づき，「公立の小学校等の校長及び教員としての資質の向上に関する指標の策定に関する指針」（令和４年８月31日改正）が定められています。「指針」には，教員は教育を受ける子どもたちの人格の完成を目指し，その成長を促すという非常に重要な職責を担う高度専門職であり，学校教育の成否は，教員の資質によるところが極めて大きいことが述べられています。

　そのうえで，都道府県教育委員会・政令指定都市教育委員会（任命権者）が「教員としての資質の向上に関する指標」を策定する趣旨について，教員が高度専門職としての職責，経験及び適性に応じて身につけるべき資質を明確化することであるとし，「教員としての資質の向上に関する指標」は，教員が担う役割が高度に専門的であることを改めて示すとともに，研修等を通じて教員の資質の向上をはかる際の目安として，教職生活全体を俯瞰しつつ，自らの職責，経験及び適性に応じてさらに高度な手段を目指す手掛かりとなるものであるとしています。初任者であっても，経験豊富な教員であっても，常に社会状況が変化するなかで，現状

に満足することなく，自ら「学び続ける教員」であるべきという理念のもと，常に教員が成長し続けることが重要とされています。

　ここに述べた実践的指導力という教師の本領を示す資質能力は，図2のような大樹のイメージとして表現できます。

図2　実践的指導力（教師の本領）のイメージ

課題　教師に求められる資質力量について，国が示した（1）〜（3）の文書を読み考察しなさい。

（1）教育職員養成審議会答申「教員の資質能力の向上方策等について」（昭和62年12月18日）……「実践的指導力」を定義

> 　学校教育の直接の担い手である教員の活動は，人間の心身の発達にかかわるものであり，幼児・児童・生徒の人格形成に大きな影響を及ぼすものである。このような専門職としての教員の職責にかんがみ，教員については，教育者としての使命感，人間の成長・発達についての深い理解，幼児・児童・生徒に対する教育的愛情，教科等に関する専門的知識，広く豊かな教養，そしてこれらを基盤とした実践的指導力が必要である。

（作業）上の文書には，教員としての不易の資質能力が5点セットで示されている。その箇所に①〜⑤の番号を付し，それぞれどのようなことを表しているか説明しなさい。

（2）中央教育審議会答申「教職生活の全体を通じた教員の資質能力の総合的な向上方策について」（平成24年8月28日）……「学び続ける教員像」の確立

> 　これからの社会で求められる人材像を踏まえた教育の展開，学校現場の諸課題の対応を図るためには，社会から尊敬・信頼を受ける教員，思考力・判断力・表現力等を育成する【　　　　】を有する教員，困難な課題に同僚と協働し，地域と連携して対応する教員が必要である。
> 　また，教職生活全体を通じて，【　　　　】等を高めるとともに，社会の急速な進展の中で，知識・技能の絶えざる刷新が必要であることから，教員が探究力を持ち，学び続ける存在であることが不可欠である。（「学び続ける教員像」の確立）
> 　上記を踏まえると，これからの教員に求められる資質能力は以下のように整理される。これらは，それぞれ独立して存在するのではなく，省察する中で相互に関連しあいながら形成されることに留意する必要がある。
> 　①　教職に対する責任感，探究力，教職生活全体を通じて自主的に学び

続ける力（使命感や責任感，教育的愛情）
② 専門職としての高度な専門的知識・技能
　・教科や教職に関する高度な専門的知識（グローバル化，情報化，特別支援教育その他の新たな課題に対応できる知識・技能を含む）
　・新たな学びを展開できる【　　　　】（基礎的・基本的な知識・技能の習得に加えて，思考力・判断力・表現力等を育成するため，知識・技能を活用する学習活動や課題探究型の学習，協働的学びなどをデザインできる指導力）
　・教科指導，生徒指導，学級経営等を的確に実践できる力

（作業）上の文書の【　　　　】には漢字６文字の同じ用語が入る。すべての【　　　　】に記入しなさい。

（3）中央教育審議会答申「これからの学校教育を担う教員の資質能力の向上について〜学び合い，高め合う教員育成コミュニティの構築に向けて〜」（平成27年12月21日）……教師に求められる新たな資質能力を提示

　教員が備えるべき資質能力については，例えば使命感や責任感，教育的愛情，教科や教職に関する専門的知識，実践的な指導力，総合的人間力，コミュニケーション能力等がこれまでの答申等においても繰り返し提言されてきたところである。これら教員として不易の資質能力は引き続き教員に求められる。

　今後，改めて教員が高度専門職業人として認識されるために，学び続ける教員像の確立が強く求められる。このため，これからの教員には，自律的に学ぶ姿勢を持ち，時代の変化や自らのキャリアステージに応じて求められる資質能力を，生涯にわたって高めていくことのできる力も必要とされる。

　また，変化の激しい社会を生き抜いていける人材を育成していくためには，教員自身が時代や社会，環境の変化を的確につかみ取り，その時々の状況に応じた適切な学びを提供していくことが求められることから，教員は，常に探究心や学び続ける意識を持つこととともに，情報を適切に収集し，選択し，活用する能力や知識を有機的に結びつけ構造化する力を身に付けることが求められる。

さらに，子供たち一人一人がそれぞれの夢や目標の実現に向けて，自らの人生を切り開くことができるよう，これからの時代に生きる子供たちをどう育成すべきかについての目標を組織として共有し，その育成のために確固たる信念をもって取り組んでいく姿勢が必要である。

　一方，学校を取り巻く課題は極めて多種多様である。いじめ・不登校などの生徒指導上の課題や貧困・児童虐待などの課題を抱えた家庭への対応，キャリア教育・進路指導への対応，保護者や地域との協力関係の構築など，従来指摘されている課題に加え，さきに述べた新しい時代に必要な資質能力の育成，そのためのアクティブ・ラーニングの視点からの授業改善や道徳教育の充実，小学校における外国語教育の早期化・教科化，ICTの活用，インクルーシブ教育システムの構築の理念を踏まえた，発達障害を含む特別な支援を必要とする児童生徒等への対応，学校安全への対応，幼小接続をはじめとした学校間連携等への対応など，新たな教育課題も枚挙にいとまがなく，一人の教員がかつてのように，得意科目などについて学校現場で問われる高度な専門性を持ちつつ，これら全ての課題に対応することが困難であることも事実である。

　そのため，教員が上記のように新たな課題等に対応できる力量を高めていくのみならず，「チーム学校」の考え方の下，教員は多様な専門性を持つ人材と効果的に連携・分担し，教員とこれらの者がチームとして組織的に諸課題に対応するとともに，保護者や地域の力を学校運営に生かしていくことも必要である。このため教員は，校内研修，校外研修などの様々な研修の機会を活用したり自主的な学習を積み重ねたりしながら，学校作りのチームの一員として組織的・協働的に諸課題の解決のために取り組む専門的な力についても醸成していくことが求められる。

（作業）上の文書を読み，重要であると思う箇所に下線を引き，その理由を書きなさい（何箇所でもよい）。

教育実習に関するアンケートより ①

Q1　実習中の生活で気をつけていたことや大切にしていたことは何ですか？

A　・バランスのよい食事を心がける

　　・睡眠時間をしっかりとる

　　・早め早めに行動する

　　・担当の先生と密に連絡をとる

　　・頑張り過ぎない

　　・To Doリストをつくる

Q2　実習中にかかった費用はどれくらいですか？

A　アンケート調査によると，かかった費用の総額は1〜5万円程度であったようです。費用の大半は「食費」で，「飲み物・おやつ」は授業の準備をするときに必要になってきます。飲み物の中でも「栄養ドリンク」は実習を乗り切るのに必需品のようです。「文房具」ではマジックやマグネット，ボールペンなど授業で使う物にも意外とお金がかかります。

　　・衣服……ワイシャツや靴下など。また，授業によってはジャージなども必要になるかもしれません。

　　・交通費……実習校へ3週間（高校は2週間）通う交通費も自分で負担しなければなりません。

Q3　実習中の生活では，どんな1日を送っていましたか？

A　典型的な生活パターン

　　5時 起床　7時半 登校……学校……19時 退校　20時 帰宅

　　21〜23時 反省シートの記入と翌日の準備　24時過ぎ 就寝

　　実習期間中は，睡眠時間を確保しようとしても，授業の準備などでなかなか十分な睡眠がとれないようです。バランスのよい食事を心がけるなどして，健康管理に気をつけましょう。

第2章
教育実習生としての
基本姿勢・心構え

　教育実習は，実習生を受け入れてくださる学校にとって大きな負担となります。にもかかわらず，みなさんを受け入れてくださるのは，学校の先生方に「教師を目指している後輩を育てたい」という熱い思いがあるからです。特に，教科指導を担当してくださる先生は，忙しい校務の傍ら，日常の教育活動と同時進行でみなさんの実習指導を受け入れてくださっています。このことに深い感謝の念をもって，誠心誠意教育実習に臨みましょう。

　本項目で述べることは，どれも社会人として当たり前のことです。この機会に，社会人として当たり前のことができているかを振り返ってみましょう。

（1）基本的な心得

　実習生として学校に属したら，その学校の職員の一人として勤務することになります。「教師」としての自覚と責任をもつと同時に，「実習生」として謙虚な姿勢で指導を受けます。

　実習期間中は，次に示すように，子どもの基本的な人権を保障すること，実習校の教職員としての服務規律を遵守し，校長先生をはじめ指導

担当の先生（指導教員）の監督・指導のもとに行動することが求められます。

〈子どもの人権の保障〉
・子どもの人権に配慮した行動・発言をするとともに，子ども一人ひとりの人格を尊重する。
・出身地，家族構成，保護者の職業などを興味本位でたずねない。
・国籍や文化の違い，宗教的行為や習慣を尊重する。
・障害のある子どもを差別的に扱わない。接し方や支援のあり方については，指導教員の指示を受けて行う。
・性差や個人差に留意しつつも，性別などによる固定的な意識をもって接しないよう配慮する。

〈教員としての服務〉
・職務に専念する義務（地方公務員法第35条），信用失墜行為の禁止（同法第33条），秘密を守る義務（同法第34条），体罰の禁止（学校教育法第11条），政治的中立性の確保（教育基本法第14条），宗教的中立性の確保（同法第15条），児童生徒性暴力の禁止（教育職員等による児童生徒性暴力等の防止等に関する法律第3条）　など

　実習中は何ごとも積極的に経験し，学ぼうとする姿勢が大事です。初めてのことだらけなので失敗することも多いですが，それにめげずに，前向きに考えて行動しましょう。失敗の原因を分析して次に活かすこと，失敗から学ぶことが重要です。そして，わからないことや自信のないことは，すぐに指導教員に質問・相談します。自分の考えと違ったり，注意されたりすることもありますが，言い訳をせずに，素直に聞くことが成長の一歩につながります。

教育実習は3週間（高等学校は2週間）という短い期間です。学校の教育活動全般にわたって、教師の仕事を幅広く理解することを心がけましょう。

（2）身につけておきたい電話のマナー

教育実習では、実習や実習の事前打ち合わせの日時等について、学生自身が実習校に電話をして交渉・調整します。基本的な電話のマナーを身につけておくことはもちろんですが、スムーズに会話ができるように準備することも大切です。特に、母校実習を希望する場合、学生自身が母校に電話をして、教育実習の内諾を得る必要があります。

1）基本的な電話のマナー

〈学校の電話応対のシステム〉

学校に電話をかけると、事務室か副校長先生・教頭先生に電話がつながるので、最初に大学名、氏名、用件を伝えます。そうすると担当の先生に回してもらえます。担当の先生につながったら、再度、大学名、氏名、用件を話すようにします。

〈要領よく、手短に用件を伝える〉

電話は手短に、要領良く、用件を伝えます。何を言えばよいのかわからなくなって言葉に詰まったり、用件を言い忘れてかけ直したりしては、学校に迷惑がかかります。電話をかける前に、話すべき内容を整理しておきましょう。内容を箇条書きにしたメモを手元に置いておけば、焦らずに落ち着いて話せます。もちろん、メモの流れに沿って話が進むとは限りません。事前に家族や友達と練習しておくと、あわ

てずに会話ができます。

〈正しい言葉づかい〉

　電話はお互いの顔が見えません。どんな実習生なのかは「声」や「話し方」で判断されます。明るく元気な声で，ハキハキと話すようにします。また，きちんとした言葉づかいは好印象につながります。いざというときに間違った言葉を使わないよう，日ごろから，家族や友達と話すときも，正しい言葉づかいを心がけましょう。また，尊敬語や謙譲語を適切に使えるようにしておきましょう。

〈時間帯のチェック〉

　電話は勤務時間内で，学校が忙しくない時間帯を選んでかけるようにします。学校の勤務時間は，8時30分から17時が一般的です。近年は働き方改革が浸透し，電話応対の時間（勤務時間内）を定める学校が増えています。中学校や高等学校の場合，基本的に15〜16時頃まで授業が行われ，その後に部活動などがあります。比較的忙しくない時間帯は，下に示した時間以外の，放課後の16時過ぎくらいからです。

●避けるべき時間帯　※急ぎの連絡がある場合を除く
　・始業直後や終業間近　　・昼休み（11時30分〜13時30分）
　・月曜日の午前中　　・金曜日の午後　　・月初や月末

　また，同じ人にたびたび電話をする場合，「何時頃にお電話すればよろしいでしょうか」と聞いても，失礼にはあたりません。

2）電話をかける手順

ここでは，教育実習をするための事前打ち合わせの日時を約束するた

めに，実習校に電話をして，校長先生とお話をする場面を想定した流れ
を紹介します。

①電話をかける前の準備
　・用件について，内容を整理して必要な事項をメモしておきます。相
　　手に伝える内容や確認したいこと，質問されそうなことの回答な
　　ど，要領よく話すために準備は欠かせません。
　・必要な資料を，すぐ見られるように手元に用意しておきます。

②電話がつながったら
　・まず，「私は，〇〇大学の△△と申します。教育実習の事前打ち合わ
　　せの件でお電話いたしました。校長先生はいらっしゃいますでしょ
　　うか」と用件を簡潔に説明します。
　・緊張するとつい早口になってしまいがちです。最初に話すセリフを
　　決めておき，ゆっくり，はっきり話します。最初のセリフをうまく
　　話すことができれば，あとはスムーズにいくことが多いです。

③校長先生が電話に出たら
　・「お忙しいところ恐れ入ります」と切り出してから一呼吸おくと，流
　　れがスムーズになります。いきなり用件を話し始めると，唐突すぎ
　　るうえに乱暴な印象を与えます。
　・次に，「私は，〇〇大学の△△と申します。教育実習の事前打ち合わ
　　せの件でお電話いたしました。2〜3分お時間をいただいてもよろ
　　しいでしょうか」と続けます。

④校長先生に日時を決めていただく
　・打ち合わせの日時の話をする前に，「教育実習を受け入れてくださり

ありがとうございます」と感謝の気持ちを伝えましょう。それから，「それでは，教育実習の事前打ち合わせの日時を教えていただけますでしょうか」とていねいにお願いをします。

・指定された日時の都合がよい場合，「では，○月○日○時に伺わせていただきます」と，確認のため日時を復唱します。指定された日時の都合が悪い場合には，「申し訳ありません。○月○日はどうしても都合がつきませんので，可能でしたら○日以外でご都合のよい日を教えていただきたいのですが」とていねいにお願いをします。

⑤日時が決まったら
・「ありがとうございます」とお礼を述べます。そして，「お手数ですが，よろしくお願いいたします」と付け加えます。

⑥用件をすべて伝えたあとで
・もう一度「お忙しいところ，ありがとうございました」とお礼を言ってから，「では，失礼いたします」と言って静かに電話を切ります。
・電話はかけた方から先に切るのが基本ですが，さっさと切ってしまわずに，「失礼いたします」と言ってから一呼吸おいて電話を切るようにします。
・もし，話の途中で電話が切れてしまったら，かけた方からかけ直します。その場合，「私は，○○大学の△△と申します。先ほど教育実習の事前打ち合わせの件で校長先生とお話をしておりましたが，途中で電話が切れてしまいました。校長先生はいらっしゃいますでしょうか」と電話が途中で切れてしまったことを伝えましょう。

⑦校長先生が不在の場合
・校長先生が不在の場合は，時間をおいてもう一度電話をかけるよう

にします。急ぎの連絡の場合，電話に出た人に用件を伝え，その人の名前を聞いておくとよいでしょう。しかし，なるべく伝言はせずにかけ直すようにします。

・改めてかけ直す場合，「こちらから改めてお電話をさせていただきますが，いつ頃お電話をさせていただければよろしいでしょうか」と聞くようにします。

⑧電話をかけ直す場合

・校長先生が不在だったため，時間をおいて電話をかけ直す場合には一度目と違う心配りが必要です。一つは，何度も電話をかけることについてお詫びの言葉を述べること。もう一つは，二回以上電話をかけているということを伝えることです。「先ほどお電話いたしました○○大学の△△と申します。たびたびお電話いたしまして申し訳ございません。校長先生はお戻りでしょうか」と話すようにします。

3）その他気をつけること

〈語尾ははっきりと〉

・「〜ですけどぉ……」と間延びしたり，語尾が消え入ったりするような話し方では，性格まではっきりしないと思われてしまいます。ふだんから語尾をはっきりと話すように心がけましょう。また，「え〜と」や「あの〜」といった言葉を続けて使わないようにします。

〈声が聞き取りにくいとき〉

・相手の話している声が小さくて聞き取りにくい場合は，「恐れ入ります。お声が遠いようなのですが」と伝えます。「聞こえません」「もっと大きな声で話してください」と言うと，乱暴に聞こえるので気をつけましょう。

（3）実習校への訪問 ―事前打ち合わせの流れ―

　教育実習の事前打ち合わせでは，教育実習（教科指導）を担当してくださる先生と一緒に，実習の詳細について確認します。教育実習が始まる1～2ヶ月前に実習校へ行き，教育実習の進め方や実習の内容などを話し合います。また，実習生といえども，その学校が求める教員として行動する必要があります。実習校の教育方針や教育上重視していることについて，事前打ち合わせを通して理解を深めます。

1）訪問する前に

　教育実習の事前打ち合わせで，初めて実習校を訪問する学生も多いと思います。事前打ち合わせの前に，以下のような内容について調べたり，また当日教えていただいたりします。

〈事前の実習校調べ〉
・実習校の概要をホームページ等で調べて確認する
・実習校の正式名称，校長名，所在地，自宅からの経路，所要時間
・実習校の教育方針，特色ある教育，学区域の地理的・歴史的特色
・実習校の沿革・規模　　など

〈当日持参するもの〉
・実習日誌　　・書類（大学および実習校から指示されたもの）
・筆記用具　　・印鑑と朱肉　　　・上履き

〈実習校で確認すること〉
・実習校の教育方針，生徒の実態，日課の概要など
・実習校の教員・職員の種類や職務内容など

- 実習校で守らなければならないこと
- 実習中の服装（通勤時の服装，校内での服装）
- 実習までに準備すること
- 実習方法（授業をする回数や指導内容，観察実習，参加実習，授業実習の時期の目安，行事への参加など）
- 実習中の課題（自分なりの課題を明確にしておく）
- 実習日誌等提出物の提出時間・提出場所等の提出方法
- 出勤・退勤時刻
- 名札や上履きの扱いなど
- 自分用に持参した方がよいもの（例：コップ，歯ブラシ等）
- 給食費等の費用の支払い方法
- 実習校からの要望，注意事項など
- 自分が得意な分野，ボランティア等の経験などを話し，教育実習の指導に生かしてもらうようにする

２）訪問時の基本姿勢

　実習校の先生方は，多忙な業務のなかで，実習生の対応をしてくださります。そのことを念頭におき，まず感謝の気持ちをもち，そのうえで，言葉づかいや礼儀のマナーを守り，敬意をもって臨みます。

〈基本的な心構え〉
- 約束した時間を守る
- 感謝の気持ちを常にもつ
- ていねいな言葉づかい

〈気持ちのよい訪問マナー〉
- 服装は清潔でさっぱりとしたものを（白のワイシャツ，ブラウスに

リクルートスーツが望ましい）

・髪型・髪どめは簡素なものを

・化粧は薄めに。マニキュア，香水，指輪などのアクセサリーはつけない

・きびきび，ハキハキとしながらも礼儀を忘れず，信頼感を得られるような態度をとる

・気持ちのよい立ち姿・座り姿であること（背筋を伸ばして胸を張る）。相手に不快感を与えるような癖（貧乏ゆすりなど）には十分注意する

・「実習が楽しみですね」「期待しています」と言っていただけるように心がける

3）事前打ち合わせの流れ

　実習校に到着してから，校長先生・実習担当の先生との打ち合わせを終えるまで，それぞれの場面を想定した流れを紹介します。

①玄関・受付で

・玄関・受付で「ごめんください」「おはようございます」「こんにちは」と笑顔であいさつをします。「○○大学の△△と申します。どうぞよろしくお願いいたします」と大学名，名前を伝えます。

・受付では，「本日○時に，教育実習の事前打ち合わせのお約束で伺いました」と用件を告げます。「校長先生はいらっしゃいますでしょうか」と言い，校長先生に取り次いでいただきたい旨を伝えます。「お上がりください」と言われたら，「失礼いたします」と言ってから上がらせていただきます。

・持参した上履きに履き替え，脱いだ靴は，下駄箱あるいは玄関の隅に邪魔にならないように揃えて置きます。

・コート類はあいさつをする前に玄関先で脱ぎ，手に持ちます。

②部屋に案内されたら

・応接室のどこに座るかは，原則として案内してくださる方の指示に従います。一般的には長椅子に座ります。

・部屋に通されてもさっさと座ろうとせず，着座を勧められてから座ります。椅子に座るときは，ドサッと座らずに，静かに座るようにします。

③椅子の座り方

・腰掛け方は，浅すぎず深すぎず。背筋をまっすぐに伸ばして静かに待ちます。

・持参したバッグなどはテーブルの上に置かず，ソファーの脇か足下に置きます。

・打ち合わせに必要な資料や筆記用具は，あらかじめバッグから取り出し，膝の上に準備しておきます。テーブルの上には何も置きません。

・両膝を揃え，両手は膝の上あたりに置きます。足は組みません。

・目線は穏やかに前に向けます。キョロキョロ見回したりしません。

④校長先生が入室されたら

・椅子から立ち，「○○大学の△△と申します。今日はお忙しいところ，お時間をいただき，ありがとうございます。○月○日から○月○日までの３週間（高等学校は２週間）実習をさせていただきます。どうぞよろしくお願いいたします」と自己紹介とあいさつをします。

・「どうぞお掛けください」と勧められてから再び座るようにします。

⑤校長先生との会話の中で

・実習をさせていただくことへの感謝の気持ちを常にもって話すよう

にします。世間話にもハキハキと，ていねいに受け応えしましょう。

・会話の中でわからないことがあったら，そのままにせず，「申し訳ありません。もう一度説明していただけますか」とお願いをして，再度確認するようにします。

⑥打ち合わせが終了したら

・椅子から立ち，「今日はお時間をいただきまして，ありがとうございました。一生懸命実習させていただきます。どうぞよろしくお願いいたします」とはっきり，しっかりとお礼を言います。

・玄関を出るときには，受付の方に「ありがとうございました。失礼いたします」とお礼とあいさつをします。

（4）実習生としての勤務

1）勤務しているという意識

　3週間（高等学校は2週間）という短い期間ではありますが，実習中は学校へ"勤務"します。普段から規則正しい生活習慣を心がけて，体調を整え，教職員のみなさんと同じように"勤務している"という意識をもって臨みます。特に，時間を守ることは社会人として当然のことであり，生徒に範を示すという視点からも大切です。時間割を頭に入れ，決められた時間よりも早めに行動を開始し，余裕をもって取り組めるようにすることが望まれます。

2）実習生らしい服装と身だしなみ

　「本当に教師を目指しているのか。それにふさわしい人物なのか」は，身だしなみや言葉づかいで判断されます。服装で人間性を決めつけてはい

けませんが，教師として清潔・清楚な身だしなみは大切です。リクルートスーツが一般的ですが，清掃活動や運動会などの学校行事もあるので，サイズの合ったジャージや動きやすい服装を用意しておくとよいでしょう。

〈服装と身だしなみ〉
- リクルートスーツが基本。男性はネクタイを着用する
- ワイシャツ・ブラウスは派手な柄や色味は控える
- 上履きは動きやすいものを選ぶ（スニーカーなど）
- きちんと髭をそり，爪は短く切る。教育現場にふさわしい髪型等を心がける
- 指輪，ピアスやネックレスなどの装飾類は，生徒との接触による危険性が高いので着用しない

3）あいさつと言葉づかいはていねいに

　実習の1日は，あいさつで始まり，あいさつで終わります。元気な声で「おはようございます」のあいさつが大事です。慣れない環境で緊張の連続ですが，廊下等で生徒や教職員とすれ違うときに，軽く会釈をしたり，「こんにちは」のあいさつをしたりすることで，気持ちに余裕が出てきます。1日が終わり帰宅するときも，「お世話になりました」「お先に失礼します」のあいさつを忘れないようにします。

　あいさつや言葉づかいは，ハキハキした応対が大切です。付け焼き刃でこなすのではなく，日ごろの生活から身につけておきたいものです。

　ていねいな言葉づかいとともに，実習生が特に気をつけなければならないのは，思いがけず生徒を傷つける言葉を言ってしまうことです。刃物による傷はじきに治りますが，言刃による心の傷は癒えにくいといわれます。くれぐれも生徒を軽んじることのないようにしましょう。

４）報告・連絡・相談の徹底

　まず，自分の職務について正しい知識をもち，理解します。そのうえで，ホウ・レン・ソウ（報告・連絡・相談）を常に意識します。実習中のホウ・レン・ソウでは，職務上の出来事を正確に報告し，必要な情報を連絡して伝え，指導教員に相談したうえで指示を仰ぎ，適切に対応します。勝手な自己判断をしてはいけません。

５）秘密を守る

　実習が始まると，生徒や教職員の個人情報や学校内の秘密事項など，さまざまな情報を目や耳にします。これらの個人情報や秘密事項を外部に漏らしてはいけません。特に，生徒の家庭の事情や成績，教職員の個人的な情報の扱いには注意が必要です。すべての学校教職員には守秘義務があります。実習期間中はもちろんのこと，実習後も，これらの知り得た情報を漏らすことは許されません。

（５）教職員との接し方

　学生という身分を自覚し，謙虚に学ぶ姿勢を忘れないようにします。生徒との接し方などの教育的な指導や配慮を見取り，教育活動で不明な点があれば遠慮せずに聞くようにします。

１）学生として謙虚に学ぶ姿勢

　実習期間中は，限られた時間の中で，学校経営・学級経営・学習指導などのたくさんのことを学びます。謙虚な姿勢で指導を受けるとともに，わからないことは遠慮なく聞くことが大切です。実習生が質問することにより，指導教員も教える内容が明確になり，実習生を理解し指導しや

すくなります。指導教員から，たくさんのことを引き出して学びましょう。

2）ゆとりから来る気持ちのゆるみ

実習がスタートして数日が過ぎると，規則正しい生活のリズムが身につき，少しずつゆとりが生まれてきます。学校の様子，生徒や教職員の動きが見えてきて，落ち着いてくる半面，慣れや気持ちのゆるみが出てきます。礼儀を忘れ，教職員に対して友達のように接することのないよう，改めて気を引き締めるようにします。

協調性と気持ちのゆるみは異質なものです。常に初心を忘れずに，緊張感をもって学ぶことが大切です。

（6）生徒との接し方

実習初日から「先生！」と呼ばれ，たくさんの生徒に囲まれて，質問攻めにあうこともあります。「年はいくつ？」「家はどこ？」などなど。回答に困るような質問が飛び出すことや，感情的な言葉を投げかけてくる生徒もいます。初めて経験することで戸惑いもあると思いますが，冷静に，誠意をもって，一人ひとりの生徒に接してほしいと思います。

生徒は，実習生を学生としてではなく，先生として見ています。「先生」と呼ばれ，ついその気になってしまいがちですが，実習期間中は，先生でありながら学生であるということを忘れてはいけません。常に学ぶ姿勢を心がけ，学生らしく，礼儀正しく生活します。

一方で，教師は常に生徒の手本となるよう，行動に気をつける必要があります。実習生の立場であっても，生徒の前で気をゆるめる場所はありません。

1）生徒との信頼関係づくり

　教育活動は，教師と生徒の信頼関係が基盤となります。実習中は積極的に生徒の中に飛び込み，生徒との信頼関係をつくりましょう。特に，休み時間は生徒との信頼関係をつくる貴重な時間です。休み時間を生徒と一緒に過ごすことで，授業中には見られない生徒の一面を発見し，より理解を深めることができます。休み時間以外にも，給食の時間，清掃の時間など，生徒と行動を共にすることを心がけましょう。

2）生徒の顔と名前を覚える

　生徒の顔と名前を早く覚えて，名前で呼ぶことも大切な信頼関係づくりのもとになります。指導教員から早い時期に生徒名簿（座席表）を受け取り，できるだけ早く生徒の名前を覚えましょう。「〇〇さん」と名前を呼ばれた生徒は，うれしくなって，実習生を身近に感じてくれることでしょう。それが信頼関係のスタートとなります。

3）生徒のよいところを見つけてほめる

　学級にはいろいろな生徒がいます。クラスの生徒全員と良好な関係で接することが大切です。生徒一人ひとりのよいところを見つけてほめることで，よりよい信頼関係づくりができます。

　生徒の中には，自分を上手に表現できずに，教師（実習生）の注目をひこうと乱暴な行動をとることもあります。そんな場合でも，感情的に接することのないよう気をつけましょう。生徒に手を出すこと（体罰）は絶対にしてはいけません。

4）問題となるような言葉づかい

　教師の言葉一つで，生徒は学校が楽しくなったり，嫌いになったりします。また，生き生きと目を輝かせて学んだり，できなかったことがで

きるようになったりもします。教師の言葉が生徒の人格形成に及ぼす影響はとても大きいものです。

　実習中は，生徒とのコミュニケーションを大切にし，積極的に生徒とかかわるようにしますが，言葉づかいに配慮しなければなりません。以下の例に挙げるような言葉は使わないようにします。

●軽蔑的な言葉

・ばかだな　　　・こんなこともできないのか

・ぐず，のろま　　　・だめな子だなあ　など

●犯人扱い的な言葉

・君がやったんだね　　　・やっぱり君か

・早く白状しなさい　など

●威嚇的な言葉

・失敗したらぶっ飛ばす　　　・忘れたらグラウンド10周だ

・反省するまで給食はおあずけだ　など

●差別的な言葉

・チビ　　　・ぽっちゃり

・○○さんはできないからいいの

・○○さんのお家は，小さい家だよね　など

●いじめを容認する言葉

・○○さんは，だらしないから文句を言われるんですよ

・○○さん，少しくらい嫌でも我慢しなさい

・いじめられる方が悪いんですよ　など

●生徒のやる気をなくすような言葉

・君では無理だよ

・時間の無駄だから，○○さんはやらなくていいです

・○○さんは宿題やってないよね…えっ，やってきたの？　珍しい

ね

　・こんなこともできないの？

　・もう君に教えるのは疲れた。好きにすれば

　・やる気のないやつは出ていけ　など

●人格を否定する言葉

　・君は悪い子だね　　　・嘘つき

　・幼稚園からやり直してきたら？

　・○○さんは犬みたいだね　など

●人格を無視した言葉

　・おい○○（呼び捨てにする）　　・お前

　・ちょっとこっちへ来い

　・みんなの前で手をついて謝れ　など

●義務教育（中学校）を無視した言葉

　・もう授業を受けなくていい。さっさと帰れ

　・明日から学校に来なくていいよ

　・謝れば教室に入れてやるぞ　など

5）その他生徒の指導にあたって留意すること

・常に生徒の安全管理を念頭におき，安全確保を最優先する。

・すべての生徒に愛情をもち，公平に接するように心がける。

・授業時間以外でも，多くの生徒と接するように心がける。

・生徒の前で，実習校や教職員の批判などは行わない。

・校外での生徒との接触は行わない。必要な場合は，校長先生に申し
　出て許可を得る。

・パソコンや携帯電話の連絡先を交換することなどは禁止。

・携帯電話の持ち歩き，生徒の前での使用は禁止。

・生徒一人ひとりの人格を尊重する態度で接し，乱暴な応対をしない。

・一人の大人，一人の先生として指導者らしく，節度をもって接する。
・乱暴な言葉，下品な言葉，生徒の心を傷つけるような言葉を使わない。一方で，生徒の言動は寛大に受けとめる。

（7）緊急時の対応

　事故や災害が発生した場合，生徒の生命と安全を第一に考え，すみやかに教職員の指示を仰ぐようにします。災害時や危険情報発令時などの緊急の場合に備えて，避難経路などをあらかじめ確認しておきます。また，天候の急変に備え，日頃から気象情報や光化学オキシダント情報等に興味・関心をもち，いざというときの指導に役立てられるようにしましょう。

（8）生徒から相談を受けたら

　生徒から相談ごとがあったときは，校長，副校長，教頭，教務主任，指導教員のどなたかの先生に必ず報告し，指示を受けるようにします。実習校の教職員に相談することが困難な場合，大学の実習担当教員に連絡のうえ相談します。

（9）その他注意すべきこと

・実習生用に指定された控室は，日頃から整理整頓を心がけ，後片づけをしてから下校します。

・実習中（勤務時間中）は，個人の携帯電話・スマートフォン・タブレット端末等は使用しません。

・特別に許可を得た場合をのぞき，自家用車・バイクでは通学しません。公共交通機関を利用します。

・指導教員の許可なしに，生徒に実習について感想文を書かせることや，アンケートをとることはしてはいけません。

・PTA役員や学校ボランティアなど，学校にはいろいろな人が頻繁に出入りします。元気にあいさつしましょう。

・判断に困ったときは指導教員に相談し，情報交換するなど「ホウ・レン・ソウ」をこまめに行います。

・教師は，日々の学校生活において，生徒にも保護者にも細かく神経を使いながら接しているということを理解します。

・生徒どうしの関係は，ちょっとしたことでもトラブルになりやすく，一つひとつのトラブルにきちんと対処しないと，親どうしのトラブルに発展してしまうことを理解しておきましょう。

課題　教師を目指す者の心得を述べた以下の文章を読み，考察しなさい。

> 　教育の道を歩もうとするものの修練も，刻々に接する多くの人々の動き
> をとらえながら，その人をしりぞけたり，あなどったりするのでなく，そ
> の人のよさを信じ，それに基づいての，対応の仕方を体得することではあ
> るまいか。
> 　人をあなどらないようになる修練，人を信ずるようになる修練，それは
> すべての人間に必要な修練であるが，特に教育者たろうとするものには，
> 最も基礎的な修練ではなかろうか。
> 　それは，自分が思いあがらないようにする修練であり，つい思いあがっ
> てしまった自分に気づき，これを克服する修練である。わたくしの若いと
> きの師は，凡夫たるの自覚に徹せよ，と教えてくださった。
> 　　　　　　　（名古屋大学名誉教授・元東京都立教育研究所長　重松鷹泰）

（作業）この文章には，教育の道を歩もうとする者が人と接するなかで取り組
　　　むべき修練が４つ示されている。４つを挙げ，これらの修練について
　　　200字以内で考察しなさい。

コラム　こんな授業，必修でなければ出たくありません！
―「教育実習事前・事後指導」での出来事―

　筆者は，以前勤めていた国立大学で，この授業（「教育実習事前・事後指導」）の最初の担当者となった。325名の教育学部生全員の必修科目となったため，休業土曜日に大講義室で開講された。第1回目の授業を何とか終えて教卓を去ろうとしたところへ，10人ほどの学生がどどどどっと出てきて，私を取り囲み次のように抗議した。

　「こんな授業，必修でなければ出たくありません！　この授業は，教育実習の良い意味でのとまどいや授業をどうするのか，という悩みを軽くするものであると思います。しかし，教えることのマニュアルを習い，それを用いて実習することに，本当に意味があるのでしょうか？　ほかの人の経験をもとに，何の経験もない実習生が偉そうな顔をして教えようとするなど，おこがましいにもほどがあると思います。授業案の書式などは教えてもらいたいとは思いますが，見本をもらえば十分だと思います。この授業は，いかに教育実習をうまくやるかのノウハウを教え込むためのものなのですか？　そんなことより，もっとしっかりした内容のある授業を充実させてくれ。今までの『教育法』などは一体何の役に立つんだ。矛盾だらけだぞ！」

　この痛烈な学生の訴えは，私の胸にグサリと突き刺さり寝ても覚めても離れなかった。どんなに辛くとも，この学生の声に真摯に応えていく以外に打開の道はない。そう覚悟して，抗議した学生一人一人にこの授業の意義・目標について手紙で返事を書いた。そうしていくうちに，抗議しなかった学生にも書くことになり，とうとう325名全員に手紙を書くことになった。

　最も痛烈に批判した学生には，次のように回答した。

「教育実習をどう位置づけるかは，一人一人の姿勢によって様々であると思いますが，一つ忘れてならないのは，実習生の授業を受ける子どもたちがいるということです。私は，事前指導において『いかに教育実習をうまくやるかのノウハウを教え込み』，学生は『マニュアルを習い，それを用いて実習すること』によって，教育実習というものが成し遂げられる，そのような簡単なものだとは考えていません。型から入って型から出るという指導法がありますが，事前指導ならびに本実習を通して，指導案の作成などにおいて一つの型が示されることと思いますが，あくまでも一つの基本として学んでいただきたいと思います。

　教育の実践は，貴君がこれまでに培われてきたすべてを傾けなければ，１時間たりとも成し遂げることのできないもので，とてもマニュアルを習ってそれで実践できるというようなものではありません。このことは，生徒の前に立ってご覧になると実感をもっておわかりいただけると思います。教育実習というものは，『ほかの人の経験をもとに，何の経験もない実習生が偉そうな顔をして教えようとする』ものではありません。むしろ反対で，実習生がこれまでに培ってきたものを総動員して，子どもたちに教えることを通して共に学ぶことについて研究していこうということだと思うのです。指導教員の立場は，実習生にとっても，教わる子どもたちにとっても，共によい１時間であるようにと祈るような気持ちで見守っているものだ，ということをお伝えしたいと思います。」

　この学生の次の授業での受講記録用紙には，「大学の教員の方々の中で，私の意見に対して回答をしてくださった方は二人目です。考えてみなければならないこともありますので，今回は書きません。」と書かれていた。

第2部
教育実習

第3章
教育実習のスタート

（1）実習初日のあいさつ

　教育実習を有意義に過ごすために，実習校での人間関係づくりが重要であることは言うまでもありません。人間関係づくりの第一歩はあいさつです。お互いを知り合うために，まず，気持ちのよいあいさつから始めましょう。あいさつを通して，教職員，生徒に自分を知ってもらい，新たな人間関係をつくっていきます。

　実習初日は，さまざまな場面であいさつをする機会があります。直前になってあわてないためにも，ここで示すあいさつの例を参考にしながら，家族や友達と練習しておきましょう。

〈学校に着いたとき〉
　学校に着いたら，受付等でその学校の教職員に出会います。明るく，気持ちのよいあいさつをしましょう。

　　おはようございます。〇〇大学から教育実習に参りました△△と申します。今日から3週間（2週間），お世話になります。できるだけたくさんのことを学んで帰りたいと思っています。ご指導よろしくお願いします。

〈職員朝会でのあいさつ〉

　初日の職員朝会の時間に，教職員に紹介されます。朝は忙しい時間なので，30秒程度の簡単なあいさつをします。

　おはようございます。この度，3週間（2週間）の教育実習を受けさせていただくことになりました〇〇大学の△△です。校長先生をはじめ，諸先生方には，お忙しいところ実習を受け入れていただき感謝いたします。先生方のような素晴らしい教師になるために，精一杯努力いたします。どうぞ，よろしくお願いいたします。

〈全校朝会でのあいさつ〉

　初日の全校朝会の時間を使って，実習生を生徒に紹介してくれる学校もあります。ここでは，生徒向けのあいさつをすることになります。名前を覚えてもらえるように，印象的なあいさつとなるよう工夫するとよいでしょう。

　おはようございます。私の名前は△△です。先生になる勉強をするために，〇〇大学から来ました。今日から3週間（2週間），××中学校（高等学校）で教育実習をさせてもらいます。

　私はスポーツが好きなので，みなさんと一緒にいろいろな運動をしたいと思います。休み時間に会ったら，ぜひ，声をかけてください。みなさんの顔と名前を覚えて，早く仲良くなりたいです。

〈配属学級の生徒の前でのあいさつ〉

　配属されたクラスの生徒の前であいさつをします。クラスの雰囲気に合わせて，少しユーモアを取り入れた自己紹介をしたり，生徒と共通の話題をもちながら話を進めたりするのもよいでしょう。ただし，あ

まり度が過ぎないように注意します。

　私は，△△といいます。この名前は，丈夫な子に育ってほしいというところからつけられた名前です。その願いの通り，病気もしないですくすくと育ちました。私の趣味は，アイドルグループの□□です。かなり詳しいので，同じ趣味をもっている人がいたら，その話題で盛り上がりましょう。今日から３週間（２週間）よろしくお願いします。

（2）　１日の実習生活で心がけること

　教師の重要な役割の一つに，生徒が安心して，満足感のもてる学校生活を送れるようにすることが挙げられます。そうした責任を果たすためには，教師自身が姿勢を正し，生徒指導に当たることが必要です。以下のような内容に留意して，１日の実習生活を送るように心がけましょう。

〈出勤〉

　余裕をもった出勤を心がけ，始業時刻の30分前までには校門をくぐり，１日の実習に備えます。

・出勤簿に捺印し，自分の教室へ行って教室環境を確認し，教室で生徒を迎えます。

・教職員，生徒に，明るく気持ちのよいあいさつをします。

・登校の様子を見守り，生徒の安全を確保します。

〈職員朝会〉

　１日の学校運営について行われる連絡会です。職員朝会の一部を減

らし，連絡をオンライン化している学校もあります。
- よく聞いて，必要事項を記録ノートにメモを取ります。朝の学活（学級活動）で生徒に伝える事柄，帰りの学活で伝える事柄に分けて整理します。
- 職員朝会の間，生徒は自習になります。静かに，規律ある環境の中で自習できるよう，事前に計画し，指導しておきます。
- 全校集会が計画されている日には，職員朝会はありません。

〈全校集会〉

　全教職員と生徒が一堂に会します。校長先生や係の先生のお話を聞くことによって，学校の一員としての自覚や生き方が身につくよう指導する機会となります。
- 時間に遅れないように集合させます。
- 集合，整列，話の聞き方など，集団としての行動やマナーを身につけさせます。
- 多くの人の集まる場所では，静かに待たせます。

〈朝の学活〉

　朝の学活は，生徒たちとその日初めて顔を合わせる時間で，心の交流をはかる大切な時間です。まず，元気な声で朝のあいさつをしましょう。そして，出席を取り，生徒の健康観察，服装・生活態度等の様子を把握します。
- 生徒への連絡があるときは，用件を手短に話し，必要に応じて板書するなどして連絡漏れがないようにします。
- 朝の学活が授業時間にずれ込まないように十分注意します。
- 明るく，温かい雰囲気の中で1時間目の授業が始まるように心がけましょう。

〈1時間目～6時間目〉

　学校生活の中心は授業です。中学校・高等学校の授業時間は50分です。生徒が意欲的に学び，理解するためには，教材研究が欠かせません。

・授業を観察させていただく際は，教師の視点と生徒の視点の両方から観察します。

・学習の躾を身につけさせることも重要です。その第一歩が，時間を守ることです。始業のチャイムで始まり，終業のチャイムで終わることが大事です。

〈休み時間〉

　教科書，ノートの準備など，生徒には次の授業の準備をさせます。教室を移動する必要があるときは，並んで移動させます。また，水分補給をさせたり，トイレに行かせたりします。

・休み時間は生徒にとって楽しいひとときです。授業の緊張から解放された生徒は，授業中とはうって変わった姿を見せてくれます。

・この時間こそ，一緒に遊んだり，趣味や特技，また，学習のつまずきや悩みを聞いたりできる時間です。ゆとりをもって，生徒と一緒に過ごす時間をつくることが大切です。

〈給食の時間〉

　教師と生徒が一緒に食事をする楽しい時間です。楽しく過ごすためにも，食事の基本的なマナーや集団行動のルールを身につけさせることが大事です。また，運搬や配膳のときは，やけどなどの事故防止，衛生管理等に細心の注意を払います。

・給食のない学校もあります。昼食のない生徒がいないか見渡しましょう。給食のない学校では，実習生も弁当を持参します。

・給食は，食育について考えるよい機会でもあります。

〈清掃活動〉

　毎日使う場所を，自分たちの手できれいに掃除しようという気持ちを育て，活動に取り組ませることが大事です。手順を考えて分担し，力を合わせて行います。活動を通して，学級の好ましい人間関係を育てる機会となります。

・教師も一緒に掃除をすることで，一体感のあるクラスをつくることができます。

・早く終わった班に，遅れている班を手伝うよう指導するなど，普段からよい人間関係のある学級に育てる視点も大切です。

〈帰りの学活〉

　1日の学校生活の反省と放課後の生活について伝えること，明日の学習の予告が中心です。

・生徒が温かい気持ちで明日も登校できるよう，教師のコメントを工夫します。

・生徒指導の際は，人を責めるような会にならないよう十分配慮します。

〈放課後〉

　生徒が主体となって過ごす時間です。部活動や委員会活動など，授業とは異なる活動を見ることができます。

・下校の様子を見守り，生徒の安全を確保します。

・部活動は生徒に任せきりにせず，実習生も指導教員とともに，活動に参加したり見守ったりしましょう。

・明日の授業に備えて，教材研究に取り組む時間でもあります。

〈退勤〉

　退勤前に，教室の窓の鍵，生徒の靴箱，火気の点検などの確認をする習慣をつけます。退勤時は，自分の机上には何も置かないようにし，現金や貴重品を学校に置いて帰らないようにします。

- ・個人情報に関する資料を持ち帰ってはいけません。
- ・まだ職員室に残って仕事をしている先生がいるときは，先に帰ることを伝え，あいさつをしてから退室します。
- ・交通事故等には十分注意し，安全を心がけて帰宅します。

（3）実習生としての自覚，実習中止の要件

　教育実習では，中学校や高等学校の現場で，教職員と共に行動し，学校教育活動に参加します。たとえ実習生であっても，社会人としての常識，教師としてふさわしい行動や態度が要求されます。そのため，以下に示すような自覚や意識をもって実習に臨んでください。行動や態度に問題がある場合，実習配属の取り消し，実習の中止，延期等がなされることもあります。実習終了後であっても，このような事実がわかった場合には，実習を無効とする場合があります。

●実習生としての自覚
- ・自大学の学生代表としての自覚と責任をもつ。
- ・実習生としての礼儀・心構え，目標，自己課題をもつ。
- ・実習に際しては，十分な健康管理をしたうえで臨む。

●実習中の欠勤・遅刻・早退
- ・実習中は健康に留意し，欠勤しないように注意する。原則として，実習中の欠勤は認められない。病気，その他のやむを得ない事情

で欠勤する場合，その旨を実習校と大学の実習担当者にすみやか
に連絡する。

・欠勤した場合，その不足時間数を補わなければならない。

・遅刻や早退をする場合も，欠勤と同様の対応をする。

●実習の中止／無効の要件

・実習校の秩序を乱したり，生徒の人格や尊厳を傷つけたりした場
合

・実習校の校長，副校長，教頭，その他の教職員の指示にしたがわ
なかった場合

・守秘義務に違反した場合

・実習の無断欠勤

・校内での喫煙

・実習期間中のアルバイト

・毎日の実習日誌の未提出　など

（4）実習日誌を毎日書く意義

1）1日を有意義に過ごす

　実習日誌には，出勤してから退勤するまで，その日に学んだことや気づ
いたことを書きます。職員朝会，全校集会，朝の学活，1時間目から6
時間目の授業，給食の時間，清掃活動，帰りの学活，放課後等において，
それぞれの場面での気づきや大事だと思ったことをメモしておき，放課
後や空き時間を利用して，その日のうちに文章化します。

　実習日誌は，実習期間中の実習生の教育実践記録であるとともに，指
導教員，校長先生，大学教員がそれを閲覧して，実習生の成長の軌跡を
確認します。したがって，狭い記述欄に小さな字でぎっしりと書くので

はなく，要点を的確に表現・記述するようにします。

　毎日実習日誌を書くことによって，なんとなく１日を過ごすようなことはなくなります。生徒の学びの姿を瞬時にとらえてメモしたり，先生方の授業を参観して，工夫されているなと思ったところを見逃さないでメモしておき，５Ｗ１Ｈ（When, Where, Who, What, Why, How）を入れて，自分らしい実践記録にしましょう。

２）実践と理論の往還作業

　学校で毎日行われているのは教育実践です。この教育実践の質を高めていくにはどうすればよいでしょうか。実践をやりっぱなしにしないで，実践を振り返り，改善の手立てを考えることが大事です。自分の行動や考え方を振り返り，見つめ直すことをリフレクション（reflection: 省察）といいます。

　教育実践とは，生徒をよくするために，こういう目的に向かって，こういう教材を使って，こういう方法で教育する，という考え方にもとづいて実践された事実です。この事実を問題として取り上げ，その実践の妥当性や確実性を吟味するときに出てくる教育に関する議論は，一般に教育理論とよばれます。実践者が，もう一人の自分の眼で自分の実践を振り返ることによって湧いてきた思想は理論といえます。実習中，自らの行動やそのもととなる考え方（教育理論）をリフレクションし，そこから生まれた理論を文字化して記述していく媒体が実習日誌なのです（図３）。

　ピーター・ドラッカーは「実践なき理論は空虚である。理論なき実践は無謀である」と述べています。実践と理論には相補性があります。実習日誌の記録を通して，実践と理論を往還することで，教育実践が質的に高まっていきます。

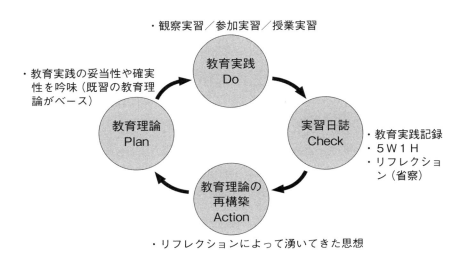

・観察実習／参加実習／授業実習

・教育実践の妥当性や確実性を吟味（既習の教育理論がベース）

教育実践
Do

教育理論
Plan

実習日誌
Check

・教育実践記録
・5W1H
・リフレクション（省察）

教育理論の
再構築
Action

・リフレクションによって湧いてきた思想

図3　実習日誌を活用した教育実習のPDCAサイクル（理論と実践の往還作業）

課題　以下の教育理論を読んで，考察しなさい。

> 「実践的指導力」を方法・技術的な習熟から生まれる指導力というだけに狭く解釈せず，もっと広く，主体的，自主的な理解や判断に基づいた実践から生まれる指導力と解釈することである。
> 　若いときから方法・技術上のマニュアルや処方せんを与えると，または求めるだけに傾きすぎるようになると，そこからは本当の教育力も生まれないし，本当の一人前の教師も育たないからである。
> （高久清吉『教育実践学―教師の力量形成の道―』教育出版, 1990年）

（作業）この文章は，実践的指導力には狭義の指導力と広義の指導力があると述べています。それぞれについて50字以内で記述しなさい。

第4章

第1週「観察実習」の学びと学校経営・学級経営

　教育実習の第1週目は，学校のさまざまな教育活動を参観しながら，授業実践や生徒理解の方法を学びます。多くの教師の授業を観察して，授業の進め方や板書の仕方，発問の仕方，生徒とのコミュニケーションのとり方などを見取りましょう。

　また，学校教育目標の実現に向けた教育活動がどのように展開されているか，学校教育目標の実現のための教育活動や学習環境の在り方についても学んでいきます。実習期間中は，常にこのことを念頭において，観察し，参加し，授業に取り組むことが大切です。

（1）観察実習の内容

　本来ならば学校教育に関わる内容すべてを観察すべきですが，限られた実習期間ですので，以下の項目を中心に観察します。観察した内容を記録し，整理して，目の前で行われている教育活動が，学校教育目標の実現にどのように機能しているかを考えてみましょう。

　〈観察の視点〉

　　・教職員の組織はどのようになっているか。

・どのような教育課程で学校教育は行われているか。

・学年経営，学級経営はどのように行われているか。

・教師はどのように生徒と接しているか。

・教師が授業を行うとき，どのような準備や指導がなされているか。

・生徒指導はどのように行われているか。

・生徒の学習の理解状況や特性はどうか。

・生徒の生活実態はどのような状況か。

・学校施設の維持管理はどのように行われているか。

・図書館の運営はどのように行われているか。

・情報コミュニケーション技術（ICT）はどのように活用されているか。

（2）観察実習の方法

　観察実習は，一般に「自然観察」と「行動観察」の視点で行います。自然観察は，生徒の活動，生徒どうしの交流，教師の指導の流れなどを，ありのままに観察して，忠実に記録します。一方の行動観察では，例えば，授業場面における生徒の活動の一場面をとらえて観察し，記録することによって，生徒の行動傾向，発達段階，社会性，性格，価値判断の基準などを理解する手がかりをつかみます。

　観察実習では，可能な範囲で教育活動全般にわたって観察・見学させてもらうとよいでしょう。授業参観をするときは，事前に指導教員と授業者に許可を得ておきます。そして，授業者よりも先に教室に入り，授業中は静かに授業を観察します。授業参観が終わったら，授業者に協力のお礼を言います。

　観察実習では，以下に示すポイントを踏まえて，いろいろな教育活動を積極的に観察しましょう。

〈観察実習のポイント〉

・あらかじめ自分なりの問題意識をもって臨む。

・大学ノートを縦に半分に折り，左側に教師の活動を，右側に生徒の反応を記録しておくとわかりやすく，振り返りもしやすい。

・行動そのもの（自然観察）だけでなく，その背景となる状況（行動観察）も記録する。

・教育活動の妨げになることはしない。観察者どうしの私語は厳禁。生徒にも話しかけない。

（3）授業を観察してみよう

　実習期間中，いろいろな先生の授業を見せていただく機会がたくさんあります。またとない機会ですので，ベテランの先生方の指導技術を学び取りましょう。そして，自分が授業を行うときに役立てるようにすることが大事です。授業参観では，以下の視点を参考に，教師の発問の内容，指導の仕方，生徒の発言や表情，身振りなどを観察し，見取ったことや感想などをノートに記録します。

〈授業の目標〉

・授業の目標は何か。目の前で行われている1時間の授業の目標（本時の学習目標）は何か。

・授業の目標に対し，生徒の興味・関心・意欲を高めるために，どのような工夫がなされているか。

〈教材〉

・授業の中心となる教材（教科書，プリント資料など）がどのように準

備されているか。それらは，生徒の理解を促すために，適切に取り扱われているか。

・授業はどのような方法で行われているか。その方法は，本時の学習目標を達成するうえで，有効に機能しているか。

〈授業の展開〉
・1時間の授業の展開過程である「導入」「展開」「まとめ」は，それぞれどのように工夫されているか。
・グループ編成の方法，指名の仕方，学習形態はどのように工夫されているか。

〈発問の仕方〉
・生徒の思考を促す発問が，どのように工夫されているか。それに対する生徒の応答を，どのように活かしているか。

〈指導技術〉
・学習の流れがわかるような板書の工夫が，どのように行われているか。
・学年や授業内容に応じた文字の大きさ，色チョークの使い方などの工夫が，どのように行われているか。
・学習環境（教室内の通風，採光，保温等）に留意しているか。

〈評価と指導・支援〉
・授業の中で，生徒一人ひとりのよい点や理解の状況などをどのように評価しているか。
・評価にもとづき，必要な指導・支援や配慮はどのように行われているか。

（4）学校経営と校務分掌の役割

1）学校経営

　配属された教室の前面には，「質実剛健・進取敢行」などの学校教育目標や「あいさつ・返事・掃除」などの学年目標，そして，「気づく，やり抜く，助けあう」などの学級目標が掲示してあります。なぜ，学校教育目標や学年目標，学級目標が，このように見やすい場所に掲示してあるのでしょうか。それは，教職員にとっては，教育目標への振り返りが常にできるからです。また，生徒にとっては，目指す目標を常に意識させられるからです。

　学校教育目標の具現化に向けて，校長を中心とした全教職員の協力により，長期的な見通しのもと，年度を単位に経営計画を立てて行うのが学校経営です。学校経営では，学校教育目標を達成するために，学年目標や学級目標を掲げて，意図的・計画的・組織的に教育活動を進めていきます。したがって，学年目標や学級目標は，個々の教師が自由に作成しているものではありません。例えば，学級目標は，学校教育目標および学年目標を踏まえつつ，学級担任が，学級の生徒の総意のもとに作成します。

　実習校の学校教育目標や学年目標，学級目標に着目して，次のようなことを調べてみましょう。

〈**教育目標の主な観察内容**〉
・学校教育目標を達成するために，どのような基本方針を立てているか。
・実習校の本年度の指導の重点は何か。
・学級目標は，学校教育目標や学年目標とどのような関係になっているか。

・学校教育目標は，各教科等の年間指導計画にどのように具現化されているか。

・実習校を所管する教育委員会では，どのような教育目標を掲げているか。

２）校務分掌

　学校は，校長を中心にさまざまな係を決めて，計画的・組織的に教育活動に取り組んでいます。実習校の学校要覧を見ると「校務分掌組織」が載っています。学校教育目標を実現するために，教職員一人ひとりの個性や特性（特技）を活かし，持ち味を発揮できるように校務を分担させたものを，校務分掌といいます。校務分掌を見ると，学校教育目標を達成するための係分担が一目でわかります。

　学校という組織が，学校教育目標の実現に向けて，どのような取り組みを行っているかを学ぶために，実習校の校務分掌を調べてみましょう。例えば，実習生の受け入れはどの先生が担当されているでしょうか。実習生が食べる給食には，どのような教職員がかかわっているでしょうか。学校要覧をもとに，実習校の校務分掌がどのように構成されているかを確認し，整理してみましょう。

〈校務分掌の主な観察内容〉

・校長や副校長・教頭は，校務分掌のどの位置にあるか。

・職員会議や各種委員会は，校務分掌の中でどのような役割を果たしているか。

・教務に関する組織と事務に関する組織は，それぞれどのような仕事を行っているか。

・教務に関する組織には，どのような係があって，それぞれどのような仕事を行っているか。

（5）学級経営はどのように行われているか

　学校の教育活動の中心は授業です。授業を構成する要素の中で，最も重要なものの一つとして，生徒が日々学んでいる学級集団があります。生徒にとって，よりよい学級集団をつくっていくことが大事です。

　学級担任は，望ましい学級像や生徒像を明確にして，それを達成するために，さまざまな取り組みをしています。学級担任が学級をどのように経営しているかを，詳しく観察してみましょう。

1）学年経営と学級経営

　学校経営の方針にもとづき，学年主任が学年経営の方針と学年目標を決め，学級担任はその方針と目標のもとに学級経営を行います。学年目標の達成に向けて，学年主任を中心に，それぞれの学級担任が一致団結して教育活動を行うことが大事です。学年で協力して進めるものには，年間の学習指導計画や生徒指導計画の作成と実施，学年行事の取り組みなどがあります。学年経営と学級経営は，車の両輪のように密接につながっているため，学級担任は，学年経営の方針と目標を学級に浸透させていくことが大切です。

　定期的に行われる学年会や職員朝会の際の学年の打ち合わせ，学年通信などを観察して，学年経営と学級経営がどのように結びついているかを考えてみましょう。

2）学級担任の仕事と学級経営

　教育目標の達成に向けて教育活動に取り組むのが，学級担任をはじめとした個々の教師です。学級担任は，毎日どのような仕事をしているのでしょうか。以下の観点を参考にしながら，学級担任の仕事内容を観察して，学級経営のあり方を学びましょう。

〈生徒理解〉

　学級経営の基本は，学級に所属する生徒を理解することです。学級担任は，すべての学校生活を通して生徒理解に努めます。一人ひとりの個性や能力を把握し，よりよい教育活動につなげていきます。学級担任は，生徒理解を深めるために，次のようなことを行っています。

- ・朝の健康観察で，生徒一人ひとりの心と体の状態を知る。
- ・生徒と積極的にコミュニケーションをとり，人間関係づくりに努める。
- ・生徒と向き合い，生徒の話を聞く。
- ・生徒の興味・関心，生育歴や生活環境，交友関係，発達段階上の特性や課題を把握する。
- ・他の教職員と情報交換をして，生徒に関する幅広い情報の収集と多面的な理解に努める。

〈多様な調査〉

　生徒理解をより効果的に行うために，学級に所属する生徒の個性や能力を客観的に把握することを目的とした，さまざまな調査を行うこともあります。調査目的に応じて焦点を絞った調査を行うとともに，生徒をよりよく理解するためには，調査だけで終わらずに，調査結果を活用して教育実践に活かすことが大事です。実習生が調査・諸記録を行う場合，指導教員の指導のもとに行います。

　学級経営や生徒理解に活かす調査は，生徒個人を対象とするものと，学級集団を対象とするものに大きく分けることができます。

●生徒個人の特性

- ・身体的特徴（身体測定，体力診断，健康診断など）
- ・知的特徴（学力テスト，知能テストなど）

・情意的特徴（性格テスト，情緒・行動観察など）

・興味や関心など

●学級の集団的特徴

　・交友関係（質問紙など）

　・学級の雰囲気（質問紙，作文，日記，感想など）

〈学級集団づくり〉

　生徒理解とともに，学級経営では，学級集団づくりが重要です。生徒は，集団で学び合い，磨き合い，励まし合って成長します。そのためには，学級を，一人ひとりの生徒にとって，「存在感のある自己実現の場」としてつくりあげることが大事です。

　生徒が願う学級での生活は，次のような内容です。学級担任には，こうした生徒の願いをかなえる学級集団づくりをすることが求められます。

●学級の雰囲気

　・学級全体が明るく，楽しさがある。

　・自分のよさや特徴を，遠慮しないで出せる。

　・学級にけじめとまとまりがある。

●生徒どうしの人間関係

　・休み時間や放課後に集団で仲良く遊べる。

　・学級内で男女の隔たりがなく，誰とでも話ができる。

　・学習活動やグループ活動などが協力してできる。

●生徒の学習意欲

　・学習のきまりがよく守られていて，勉強に集中できる。

　・友達の発言をよく聞き，認めることができる。

　・周りを気にせず，自分の考えを素直に発表できる。

〈教室環境づくり〉

　「環境は人をつくる」といわれるように，学級経営では教室環境づくりも重要な仕事です。学習活動や集団生活がスムーズに行われるように，次のようなことが行われています。

- ・教室前面には，学校や学年，学級の目標や生活のきまりを生徒の目に入る場所に掲示する。
- ・教室側面には，委員会や係等の組織表や係の掲示物を掲示して，学級内の活動を見える化する。
- ・教室背面や廊下には，生徒の作品を掲示して，学習意欲を向上させるとともに，学級への所属意識を高める。
- ・座席の配置を計画的に行ったり，ロッカーやフックなどを活用したりして，集団生活がスムーズに送れるようにする。

〈保護者との連携〉

　よりよい学級をつくっていくためには，保護者の心配ごとに耳を傾け，希望や願いを把握し，日々の学習指導や生徒指導，生徒理解に活かしていくことが大事です。また，学級の状況や担任が目指す方向性を保護者に理解してもらい，家庭での取り組み等の協力をお願いすることも必要です。

〈学級担任の事務〉

　学級担任には，学習指導や生徒指導のほかにもさまざまな事務的な仕事があります。実習中，直接目に触れられないものに，次のような事務があります。

- ・諸表簿の記録

　学習指導要録，健康診断票，歯の検査票，出席簿など法令や規則で

定められた表簿類の記録・保管があります。

・諸調査の実施

　学級経営は，各種調査を活用して科学的に行うことが，生徒の成長に役立ちます。調査には，学力や体力，家庭の状況などに関するものがあります。

・金銭出納の処理

　学校は，公金・準公金により運営されます。金銭の出納は複数の目で的確に処理し，公開することが義務付けられています。

3）学級経営の観察ポイント

　学級担任は，どのようにして生徒と生徒の間の垣根を取り払い，信頼関係を深めていくように努めているのでしょうか。あるいは，どのようにして生徒の自治的活動を促すような学級経営を行っているのでしょうか。次に示す観点を参考に，学級経営を観察してみましょう。

〈学級の組織づくり〉

・生活班や当番（日直，給食，掃除，係など）はどのように決められ，組織しているか。

・学習のきまり（授業中），生活のきまり（休み時間）など，学級生活の最小限の約束事はどのように決められているか。

・学級集団をまとまりのある集団，元気に活動する集団などにするために，どのような工夫が行われているか。

〈学級集団づくり〉

　学習指導を効果的に進めるためには，学級集団の雰囲気や，生徒一人ひとりの行動の機敏さが重要になってきます。学級担任は，例えば，以下に示すような視点で，学級集団全体を指導したり，集団の中での

一人ひとりの姿を見取って生徒理解に活かすなど，個と集団を意識した学級集団づくりを行っています。

・朝の学活／帰りの学活で

　朝の学活では，学級での１日の生活に見通しをもたせて学習意欲を高め，帰りの学活では，１日の生活を振り返って学習の動機付けを行うなど，学習に取り組む雰囲気を醸成します。

・給食指導／清掃指導で

　生徒の自治的活動がよくわかる場であり，一人ひとりの生徒の成長と規範意識の育ちを看取します。

・道徳／特別活動の時間で

　集団の中での立場や役割の自覚，個性の伸長は，全教育活動を通じて行うものですが，特に，特別の教科である道徳や特別活動の時間で，意図的・計画的に指導することもあります。

（６）学校図書館の運営

　学校図書館は，「読書」「学習情報」「教育資料」「情報提供」といった機能をもっています。生徒が図書館を利用するのは，主に「読書」「学習情報」機能を中心としたもので，休み時間や昼休みのほかに，読書の時間の利用，教科の"調べ学習"での利用があります。一方で，学校図書館の目的を達成するためには，あらゆる機会をとらえて適切な利用を促すことが大切です。

　学校図書館がどのような目的のもとに運営され，目的を達成するためにどのような工夫がなされているかを調べるとともに，実際に利用している生徒の様子を観察してみましょう。

（7）家庭・地域との連携

　生徒を取り巻く社会の急激な変化にともない，学校に寄せられる期待も変化し，学校教育は大きな変革期を迎えています。このような社会状況を踏まえ，生徒一人ひとりに「生きる力」を培っていくためには，学校・家庭・地域が連携協力し，地域社会全体の教育力の向上に取り組む必要があります。

　学校は，地域の方の協力を得ながら教育活動を行っています。地域の協力は，学校の教育活動を進めるための大きな原動力になっています。ここでは，学校が地域の方からどのような協力を得ているかを紹介します。

〈地域の方に学校に入ってもらう〉

・PTA活動

　PTA（Parent-Teacher Association）は，児童生徒の保護者・教職員を会員とする組織です。学校にとって一番多く協力してもらうのがPTAの方々です。例えば，運動会や緑化活動等の学校行事を実施するときも，PTAの方々が，行事の運営や来校者の自転車の整理等を担ってくださいます。また，行事の参加者となり，生徒を励まし共に育ててくれるのもPTAの方々です。

・スクールガード（学校安全ボランティア）

　生徒が安全に登下校できるよう，登校時や下校時に通学路で，地域の方々が立哨指導の協力をしてくれます。不審者による通学途中の事件や交通事故の未然防止など，大変力強い支援です。学校では，スクールガードの方々との情報交換会を定期的に実施し，安全対策について相互理解が得られるように協議しています。

・ゲストティーチャー

　授業を進める際，地域の情報に詳しい方や一芸に秀でた方をゲスト

ティーチャーとして迎え，専門的な知識や技能を学ぶとともに，生徒の興味・関心や学習意欲を引き出す授業を展開することができます。総合的な学習の時間や特別の教科である道徳の時間など，いろいろな授業場面で協力してもらっています。

〈地域に出て行く〉

　生徒が地域の敬老会に出向いて，学習成果を発表することなどが行われています。地域の祭典などの行事に参加する機会は，生徒にとって，地域の方から存在を認められるよい機会となっています。

課題　教育実習に参加した学生の感想文を読んで，考察しなさい。

　この学級で一番印象的で感動したことは，どの生徒も気配りができていたことだ。最初は一人や二人こういう生徒もいるものだと思っていた。しかし，この学級の全員に気配りが見られたのだ。これは先生の指導法に何か秘密があるはずだと思い聞いた。この先生は褒めることをモットーにしていた。どんな小さなことでもその人の良い所を見逃さず，みんなの前で褒めていた。それを生徒が真似て，さらに上をと自分たちで考え，見つけ出して行動するように変わっていた。これは生徒の様子をまめに見ていないとできない技術であり，すごく勉強になった。

（作業）この学生の感想文から，学級担任の指導技術の優れた点を想像し，200字以内で記述しなさい。

第5章
第2週「参加実習」の学びと生徒指導

　第2週目に行う参加実習は，観察実習に次ぐ段階です。参加実習は，指導教員の指導のもと，指導教員と共に実際の教育活動に参加し，実践にかかわりながら学びます。参加実習を通して，生徒理解や指導技術の実際を具体的に学び，授業実践に備えます。

（1）「参加実習」の内容と方法

1）授業の補助，授業の準備・片付けの補助

　指導教員が授業で使う教材づくりの手伝いをしたり，学習活動で，理解の遅れている生徒に対して個別指導をしたりする活動に参加します。こうした活動を通して，1時間の授業づくり，教材づくりや指導技術等を学びます。特に，授業にかかわる参加実習は，第3週目から行う授業実習の手がかりとなるため，指導教員から指導方法について具体的に学び，しっかりと記録を取るようにします。また，わからないことは積極的に聞いて確認するようにします。

2）学級活動の補助，学校行事等の補助

　朝の学活や帰りの学活での指導，学校行事としての運動会など，教育

活動を企画立案する準備段階にかかわったり，活動そのものに参加することもあります。生徒は，学校生活のあらゆる活動を通して成長します。実習生も生徒と共に行動し，生徒の成長する姿を見取りましょう。参加実習を通して，生徒理解の方法や集団を指導するために必要な指導技術を学ぶことができます。

　生徒が願う学級は，「明るく，楽しさのある学級」「学習活動やグループ活動などを協力してできる学級」「学習のきまりがよく守られ，勉強に集中できる学級」などです。こうした生徒の願いをかなえる学級づくりをするための方法・技術について，参加実習を通して自ら考えることが大事です。

３）給食指導・清掃指導の補助

　生徒にとって給食は楽しい時間です。また，清掃活動は，校内美化の役割を果たすだけでなく，自主性や責任感を育み，勤労の尊さを体得する場となっています。参加実習では，生徒と一緒に給食を食べて，進んで清掃活動に加わりましょう。授業中には見られない生徒の姿に接することができ，生徒理解を深める貴重な時間であることを実感できます。参加実習では，給食指導や清掃指導を補助することを通して，それぞれの目的や指導のあり方を学びます。

４）始業前・休み時間・放課後における生徒との交流

　実習も２週目となり，生徒の顔と名前がわかるようになってきます。登校してきた生徒と元気にあいさつを交わし，休み時間や放課後は生徒と一緒に過ごして，積極的にコミュニケーションをとりましょう。生徒の日常生活にかかわることを通して，一人ひとりの理解を深め，中学生や高校生の発達段階の特徴を理解します。生徒と接する際は，温かい，思いやりのある行動を心がけます。

5）健康観察の補助，環境整備の補助，登下校時の安全指導の補助

　生徒が健康で，安心して学習活動に励むことができるようにするため，教師は，生徒の健康管理，環境への配慮，安全の確保に努めています。例えば，朝の健康観察はどのような観点で行うのか，教材や生徒が使う道具の安全点検はどのように行うのか，あるいは，登下校時の安全指導はどのように行うのかなど，生徒の健康・安全に関する指導のあり方を学びます。

（2）授業づくりと指導技術

　参加実習では，観察実習で多くの先生方から学び取った指導技術を活かしながら，指導教員と共に学習指導を行うなかで，より具体的な指導技術を学びます。以下に示す授業づくりの視点から，実際の指導技術を見取り，第3週目の授業実習につなげましょう。

〈授業の流れ〉

・「導入」「展開」「まとめ」という授業の流れを，生徒の理解に即したものとするために，どのような工夫がなされているか。

・声，話す早さ，タイミング，口調，表情，文字の大きさ，身ぶり等は，授業者の意図が生徒に的確に伝わるようするために，どのようにしているか。

・生徒を中心とした学習活動を展開するために，どのような学習形態を取り入れているか。

〈発問〉

・発問の内容は，本時の学習指導目標を達成するために，どのように

工夫しているか。

・発問後，生徒の思考を深めるために，どのような工夫がなされているか。

〈個別指導〉

・理解の早い生徒，遅い生徒に対して，どのような指導・支援をしているか。

〈板書計画，教材等の活用〉

・授業の流れに即した板書計画をどのように立てているか。ノート指導，ワークシート等の活用をどのように行っているか。

・教科書以外の補助教材の準備や提示の仕方をどのように行っているか。ICTをどのように活用しているか。

（3）生徒指導と生徒理解

1）生徒指導の意義

　生徒指導の意義は，次のように示されています。

　「生徒指導は，児童生徒が自身を個性的存在として認め，自己に内在しているよさや可能性に自ら気付き，引き出し，伸ばすと同時に，社会生活で必要となる社会的資質・能力を身に付けることを支える働き（機能）です。したがって，生徒指導は学校の教育目標を達成する上で重要な機能を果たすものであり，学習指導と並んで学校教育において重要な意義を持つものと言えます。」（文部科学省『生徒指導提要』令和4年）

　授業中の生徒の様子を観察すると，よく発言する生徒，発言はしないがノートをよく取る生徒，そして，授業に集中できない生徒などさまざ

までです。また，休み時間の教室をのぞくと，数人のグループで元気に遊んでいる生徒や二人で話をしている生徒，一人で椅子に座っている生徒などさまざまです。学級は，一人ひとりの生徒が生き生きと活動するとともに，それぞれの生徒が夢や目標をもてることが理想です。そのため，学級担任には，生徒を理解し，生徒一人ひとりの個性や長所を見つけ，生徒指導を通じて個性や長所を伸ばす資質能力が求められます。

　参加実習では，授業中や休み時間，放課後などに生徒と一緒に活動して，生徒を理解することに努めるとともに，学級担任が生徒とどのように接しているかを記録し，生徒指導がどのように行われているかを考えてみましょう。

2）生徒理解

　生徒指導は，一人ひとりの生徒を理解して指導し，学校の教育目標の達成を目指します。担任は，学級での観察のほか，授業を担当しているほかの教師や養護教諭，また，時には保護者から生徒の様子を聞くなどして生徒理解を深めます。

　実習では，遅くとも参加実習の前までに，学級の生徒一人ひとりの名前を覚えておきます。人と人との交流は，名前を知り，呼び合うことから始まります。朝の学活で，生徒の名前を呼んで出欠をとり，笑顔を交わして学級生活が始まると気持ちがよいものです。生徒は，名前を呼ばれることで教師を信頼し，学級への所属意識をもちます。

　学校という意図的教育を実践する場では，授業や学級活動の中で生徒理解を深め，学習指導や生徒指導に活かすことが基本ですが，生徒の個性や長所は多様で，正規の教育課程だけでそれを理解するのは困難です。授業から解放された休み時間や放課後，クラブ活動など課外活動の場での交流は，教師対生徒の関係ではなく，人間対人間の関係で生徒を理解することができます。授業中には気づかなかった生徒のよさや特技，人

間性に触れるなど，こうした生徒理解の深まりが，授業づくりの大きな力になります。そして，授業を通して，生徒は，学習内容を理解すると同時に，教師への信頼感を高めていきます。

３）基本的な生活習慣の指導

　生徒一人ひとりの個性や長所を伸ばすには，基本的な生活習慣を身につけたうえで学校生活をさせることが前提となります。学級担任は，どの時間に，生徒のどのようなところを観察して生活習慣の指導をしているのでしょうか。

　学校生活の中で，集団生活における規律が必要な場面に着目します。例えば，朝の学活や帰りの学活，給食や清掃の時間に，集団生活で必要な規律をどのように指導しているかを，以下の項目を参考に，実際の活動に参加しながら考えてみましょう。

〈あいさつや返事〉

　元気なあいさつや返事をすることは，円滑な人間関係を築くうえで大切です。教師自ら手本を示すとともに，生徒に対してその都度指導するなどして，よい学級の雰囲気づくりに努めます。

〈時間を守る〉

　時間を守ることは，集団生活では特に大事です。毎朝，遅刻をする生徒や授業が始まる際にチャイム着席が守れない生徒には，その都度指導します。

〈食事のマナー〉

　給食時に，配膳，食事中のマナー違反があれば，その都度指導します。また，朝の学活や帰りの学活で，栄養バランスのよい朝食・夕食

をしっかりと食べることが大切であるという意識をもたせるようにします。

〈整理整頓〉

　身の周りの整理整頓については，目についたらその都度指導したり，帰りの学活で定期的に指導したりします。また，清掃の時間には，掃除を自主的に行うよう指導します。

〈身だしなみ〉

　服装や頭髪の乱れは，目についたらその都度指導します。

〈言葉づかい〉

　ていねいな言葉づかいをすることは，礼儀を身につけるうえでも大切です。教師自ら手本を示したり，その都度指導したりします。

〈安全な生活〉

　校内や校外で安全な生活を心がけるためには，教師自らが校内や通学路の危険箇所を把握するとともに，危険な行為を見かけたらその都度指導します。

4）月の生活目標

　校内を歩くと，学校教育目標のほかに生活目標の掲示が目につきます。この生活目標は，生徒にどのように指導して定着させているのでしょうか。

　生徒指導には，一人の学級担任が積極的に取り組んでも，十分に成果があがらないものもあります。特に，生活指導に関する事項は全校的に取り組む必要があります。そこで，月ごとに生活目標を決めて，1年を

通して意図的・計画的・組織的に生徒指導に取り組んでいます。例えば，4月の生活目標を「あいさつをしっかりしましょう」と定め，朝のあいさつ運動を取り入れたり，全校朝会であいさつの話をしたり，教室や昇降口に掲示したりして周知します。また，学級通信や家庭訪問などを通して，家庭や地域社会との連携を密にして，生徒指導のあり方について理解を図ります。

5）特別の教科　道徳，特別活動での指導

　生徒指導には，ここで紹介したように，あらゆる機会や場をとらえて指導する場合のほか，特別の教科である道徳や特別活動（学級活動）の時間に指導する場合があります。生徒理解にもとづく生徒指導のあり方を，資料1（86ページ）を参考に考察しましょう。

（4）保健・安全指導はどのように行われているか

1）保健指導

　生徒が健康を維持し，けがをしたり病気にかかったりしないように，学級活動・学校行事等で保健指導を行います。また，定期健康診断などにより，生徒の健康状態の把握や病気の予防に努めています。例えば，体重測定の機会に，養護教諭から保健指導が行われることもあります。

〈健康状態の把握〉

　学級担任は，以下に示すような観点から，生徒一人ひとりの健康状態を把握し，必要に応じて保健指導を行います。特に，朝の健康観察は重要な役目を果たします。参加実習では，朝の健康観察，授業中の生徒の正しい姿勢の指導，手洗い，教室の換気等の感染症予防など，教

師がどのように保健指導を行っているかを，体験しながら学びましょう。

●健康観察の観点
　・顔色はどうか
　・眠そうな目をしていないか
　・なんとなく元気がない
　・咳き込んでいないか
　・熱がありそうではないか，気持ちが悪そうではないか
　・あざ等の傷はないか　など

〈姿勢と休養の指導〉
　学級担任は，生徒の歩くときの姿勢や授業中の姿勢などについて指導し，健康的で望ましい成長をはかれるようにします。特に，近視予防のために，本を読む姿勢や字を書く姿勢などに注意します。また，生徒が学習や運動を続けて過度な疲労に陥らないよう，適度な休養を与えることにも配慮します。

2）安全指導

　生徒が安心して学校生活を送れるようにするため，学級担任は常に生徒の安全に留意します。安全指導では，校内・校外で，主に次に示すような活動が行われます。

　校内では，特に，理科，保健体育科，技術・家庭科などの授業は事故が発生しやすいため，十分な安全指導を行います。例えば，理科では薬品や器具の扱い方に注意する，保健体育科では各種運動中の事故防止に気を配るなど，それぞれの活動内容に応じた安全指導を考えておくことが重要です。また，廊下歩行や雨の日の過ごし方など，校内での生活を

中心とした安全指導も，朝の学活や学級活動の時間等に行います。

校外については，交通安全指導（横断歩道の渡り方，安全な自転車の乗り方など），登下校時の安全指導やマナー指導，不審者から身を守るための防犯指導など，学校の外での生活の安全・安心を守るための指導を行います。

安全指導で最も大切なことは，日ごろから生徒の安全・安心への関心を高めておくことです。学校では，生徒が首から上（頭，目，歯など）にけがをした場合，管理職に報告し，医師の診察を受ける必要があることも覚えておきましょう。

（5）特別支援教育はどのように行われているか

特別支援教育は，障害のある幼児児童生徒一人ひとりの教育的ニーズを把握し，その持てる力を高め，生活や学習上の困難を改善又は克服するため，適切な指導及び必要な支援を行います。また，障害のある幼児児童生徒への教育にとどまらず，すべての人が障害の有無や個々の違いを認め，生き生きと活躍できる共生社会を形成する基礎となるものです。

学校教育では，特別支援教育はなんら特別なものではなく，社会にとって当たり前のことであるということを，すべての幼児児童生徒に認識させることが求められます。

文部科学省が令和4年に実施した調査では，知的発達に遅れはないものの学習面又は行動面で著しい困難を示す児童生徒が，小・中学校の通常の学級に8.8％程度在籍していることが示されています。

実際の教育活動では，特別の支援を必要とする生徒が，より多くの成功体験を得られるよう，次のように，生徒の障害特性に応じた事前の準備や約束事を決めておくこともあります。

・学習を支援する教材を準備します。生徒の抱えている困難について
　は，学年を中心に教職員間で共通理解をはかり，必要に応じてティー
　ム・ティーチングを取り入れて学習課題に一緒に取り組んだり，活
　動の補助をしたりします。
・苦手なことや困ったときはすぐに手伝うので，どんどん相談しても
　よいことを伝えておきます。
・身の回りの整理整頓や，集団行動が苦手な場合があります。本人や
　保護者の求めに応じて必要な支援を行います。

課題　教育実習に参加した学生の感想文を読んで，考察しなさい。

> 　帰りの学活が終わり，下校していく生徒と帰りのあいさつを交わすため
> に玄関に出ていた。一人ひとりと目を合わせ「さようなら！」と元気に声
> をかけていた。すると，ある女子生徒から「先生，私の名前覚えてる？」
> と突然聞かれた。しかし，私はその生徒の名前を呼んであげることができ
> なかった。クラス全員の名前をまだ覚えきれていなかったのだ。名前で呼
> ばれないと，生徒は自分が嫌われているのかと感じてしまう。今日中にみ
> んなの名前を覚えようと思った。

（作業）この学生の感想文を参考に，実習生が参加実習までに準備すること
　　　　について考え，200字以内で記述しなさい。

教育実習に関するアンケートより ②

Q　指導教員からどんな指導を受けましたか？

A　【生徒について】

・生徒は自ら学ぶ力をもっている

・生徒は教師を映し出す鏡である

・「先生対生徒40人」ではなく，「（先生対生徒）×40」と考えると何か変わる！

・生徒たちの考えに「ズレ」がなければ，話し合いは発展しない

・生徒がふとした時にする一瞬の表情を逃さない

・生徒が話を聞いていない時は，大きな声を出してもダメ。聞くということを大切にしたい。聞くことはその人を認めることでもある

・「○○な生徒」というように，生徒に勝手なイメージをつくらない

・オーケストラであれば先生は指揮者。一人ひとり違う楽器をもつ生徒たちの，それぞれから良い音を引き出すことが仕事

【授業について】

・一生懸命準備したことは生徒に伝わる。適当に準備したことも生徒は感じとる

・授業の中に一つは"盛り上がり"の場面をつくる

・「その教材を教える」のではなく「その教材で教える」

・授業は先生と生徒のやり取りだけでなく，生徒どうしの学び合いで紡ぎ出されるものでなくてはならない

【姿勢や態度について】

・ハキハキとした態度でいれば生徒たちも動きやすい

・生徒を動かしたいのなら，まず自分から動け！

・実習生という"殻"から抜け出してほしい

・研究授業でも生徒にとっては大切な学びの１時間。謙虚な姿勢を

資料1 「いじめ問題」に立ち向かう生徒指導力を高める知恵
―『塵劫記』の「三容器の協力関係」から学生は何を学んだか―

（1）はじめに

　下図「三容器の協力関係」（吉田光由『塵劫記』）という算数の問題を高田豊寿先生から初めて教わったのは，昭和61年5月26日，筆者が勤務していた東京都北区立飛鳥中学校において，高田先生が生徒に「数学が好きになる問題を書くので関心のある人は解いてみなさい」といって，図のような問題を板書されたときであった。

　高田先生は，昭和46年から昭和63年の間に，「周禮研究会」という勉強会を約1200回主宰された。筆者は，教師としての資質能力の向上をめざして，昭和56年から昭和63年の8年間に約100回参加し，高田先生の謦咳に接することができた。

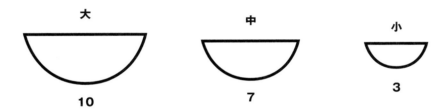

大の容器に水が10入っている。この水を他の容器に移し替えながら，大の容器に5，中の容器に5となるようにするにはどうすればよいか（容器に目盛りはない）。

図 「三容器の協力関係」の問題

（2）三容器の協力関係

　教職志望学生が「三容器の協力関係」という算数の問題を解くことによって，「協力」とはどうすることかという根本原理を理解するとともに，自らの「いじめ体験」を重ね合わせることによって，「いじめ問題」に立ち向かう生徒指導力の知恵について考えた。

　筆者は，学生にこの課題を説明するとき，はじめに大中小の三つの器を板書し，この器には目盛りがついていないことを強調した。次に，この課題を解

く過程に，「いじめ問題」への解法につながるヒントが込められていることを意識させるために，器を人に置き換えた。すなわち，「大の容量を持った人」「中の容量を持った人」「小の容量を持った人」というように，大中小の容器を，大中小の「資質能力を持った人間」に置き換えるのだ。最後に，いじめの構造である「いじめる人」「いじめられる人」「傍観している人」を板書して，解法に取り組ませた。自力で解に到達することができた学生を指南役に任じて，悪戦苦闘している他のグループへ派遣し，教え合うことにした。

（3）学生の考察

　「いじめ問題」と「三容器の協力関係」を関連づけて独創的に考察し，有益な知見を得ていると考えた三人の学生の考察を次に紹介する。

○役割を共有し平等意識を育てる

　悪いことをすると必ず自分に返ってくる，という言葉を子どもたちに教えたい。相手が自殺をしてしまうと自分が悪人と周りから言われ，嫌われていく。相手の気持ちを考えずに行動してしまうと，気づかないうちに自分が同じ行動をされてしまう。そして，言い合いになり，「いじめ」に繋がるのである。こうならないためにも，日ごろから子どもたちのことを観察し，グループなどを知っておくことが大切だ。表情，態度，子どものすべての変化を毎日見てあげることが教師の役目だ。

　「三容器の協力関係」のように，一度関わっただけでは，その人と同じにはなれないし，知ることもできない。10回，100回と関わることでお互いが平等になれるのだ。大・中・小の容器は，「水を渡すこと」，「水を受け取ること」，「休んでいること」という三つの役割を二度，三度……と回数を重ねることによって問題を解決することができる。ここにおいて，容量の大小に関係なく，三容器は三つの役割を共有し合ったという点において平等なのだ。

　毎日の生徒と先生との関わりや，子どもたち同士の関わりが大切になる。関わることによってお互いを理解し，「いじめ」に繋がってしまう何かを未然に子どもたちと解決したい。

○他の人が動いてくれているから事が成る

　大中小の容器が一つずつある。これらをうまく使用し，10の水を大中に5ずつにするというものだ。これは「いじめ問題」によく似ている構造だ。三人の人間がいて，その中でバランスを失ったときに問題が起きるのが「いじめ問

題」だ。「三容器の協力関係」も何か一つでも失えば，何もすることができなくなる。三容器は「水を渡す容器」，「水を受け取る容器」，そして「休んでいる容器」に分かれる。「休んでいる容器」は，他の二つが動いてくれているから目的が達成され，二つの容器は「休んでいる容器」も協力の内ととらえる。

　これをどのように生徒に伝えるかが重要なのである。「実践的指導力」の一つに「人間の成長・発達についての深い理解」という項目がある。生徒たちの中において，仲間とうまくいかないことは多々あることである。それに対して理解することが必要なのである。そして，その時に片方，あるいは両方を叱るのではなく，協力することの大切さを教えることが重要と考えている。この世の中に必要ではない人間はいない。それを教えるのが教師の役目であると私は思っている。

　「実践的指導力」の指導力とは，感化力である。人の気持ちを動かせるような指導をしなくてはいけないのだ。このことから私は，「いじめ問題」が起きている場合，怒るのではなく，「協力」することを教え，気持ちを変えさせたい。そのことにより生徒たちを成長させることができたら，それほど嬉しいものは他にないと考えたからである。

○自己の容量（資質能力）の精一杯を発揮して責任を果たす

　私は「いじめ問題」について，まず，「いじめ」というものは恐らくなくなることはないという前提で考える。小学生から高校生，はたまた社会人まで名は変われども「いじめ」というものは存在し，また，それぞれの解決法は変わってくる。単純なものもあれば複雑なものもあり，すんなりと解決できないものや発覚しにくいものもある。

　あまり言いたくはないが，学校側や教師側の逃げ腰等も「いじめ」における問題点だと思う。このような様々な問題の中で一番重要だと思うのは，「いじめ」における加害者，被害者のどちらにも責任が生じるということである。

　「10」と「7」の容器を加害者，「3」の容器を被害者，水の量を責任の量として考える。「5・5・0」の答えにたどり着くまでに，水が移動するたびにそれぞれの責任の重さを教える。三者にそれぞれ責任が存在したということを教えた上で，最終的には加害者が悪いのだとなる。

　「いじめ」の説得として「三容器の協力関係」はかなり使えるものと思えた。「いじめ」を受けたことのある一個人としては，解決法と防止法ともに共通するものとして「リスクを考えさせる」ことが使えると思う。「いじめ」を行うことによって自分にどのようなリスクが生じるか。また，「いじめ」を受け続けることによってどのようなことになるか。このようなことを混ぜた上で「三

容器の協力関係」の解決法を使うべきだと思った。

（4）おわりに

　「いじめ問題」は，人間社会について回る最も陰湿で解決困難な課題である。しかし，学校社会において発生した問題であるならば，教師が真っ先にこの問題に立ち向かい，児童生徒の学校生活を安全・安心に導く責務がある。このことを可能にする生徒指導力を高めていくことが教師に求められている。

　教師が発揮する生徒指導力は実践的指導力と言い換えてもよい。実践的指導力とは何らかの形で常に行動となって現れ，教育の実際場面において具体的に示されるものでなければならない。実践的指導力を発揮している教師に見られる姿勢は，現場第一主義である。

　学生がグループを組み，「三容器の協力関係」の問題を解くことによって習得した「いじめ問題」に立ち向かう生徒指導力の知恵とは何であったか。それはここで紹介したような気づきであった。

　教職志望学生たちが，若い感性で「三容器の協力関係」に込められた「協力」ということの根本原理と自らの「いじめ体験」を重ね合わせて，「いじめ問題」に立ち向かう生徒指導力の知恵を豊かに汲み取ってくれたことに，筆者は感動し，前途に大きな希望を見いだした。1から9までの数字を足し算，引き算する単なる算術問題で終わりとせず，この問題に「協力関係」という名前がつけられていることの真義に踏み込んで考察してくれたのである。

（出典）吉田光由「三器，或ハ三容器ノ協力関係」『塵劫記』第二版三巻48条本, 1631年.

第6章

第3週「授業実習」の学びと授業の振り返り

　教育実習の第3週目は，教育実習の最終段階にあたります。学習指導案を作成し，指導教員に代わって実際の教育活動を行います。教育の専門家としての力量の中心を占めるのは，やはり授業です。授業実習は，主に第2週から第3週にかけて行い，授業を5時間以上，研究授業を1時間，丸1日の全日実習を行います。

（1）「授業実習」の学び

　授業実習では，毎時間ごとの学習指導案（略案）を作成し，授業（授業実習）を行います。学習指導案は，「単元の目標」「内容」「学習活動」などを学級の生徒の実態にもとづいて作成し，授業を行うことを通じて，以下の視点で学びを深めていきます。

〈指導技術の習得〉

　実際に授業を行うなかで，生徒の興味・関心や意欲を高めるための教材の開発，学習指導案の作り方，「導入」「展開」「まとめ」の流れ，あるいは，指導上の留意点，個別指導のあり方，支援を要する生徒への配慮の仕方など，学習指導に関する指導技術を具体的に学びます。

〈生徒理解のうえに成り立つ授業〉

　授業は，教師と生徒の望ましい人間関係のうえに成り立つといっても過言ではありません。生徒の名前を覚え，日ごろから生徒の話の輪の中に入り，一人ひとりの生徒と言葉を交わすなどして，生徒の個性，能力を知り，心情面を理解することが大切です。こうした生徒理解にもとづく授業を行うとともに，実際の授業では，生徒のつぶやきや発言に耳を傾け，生徒の心情をつかむように心がけます。

（2）学習指導案の位置付け

　授業は，学校教育目標の実現に向けて，意図的・計画的に行われます。そうした授業を展開するために，各学校では教育計画を作成しています。教育計画には，年間指導計画，単元の指導計画，1週間の指導計画，毎日の指導計画（日案）と1時間の指導計画（学習指導案）など，いろいろな指導計画があります。

　学習指導案は，一定時限における学習指導計画であり，授業で扱う学習内容の指導計画が詳細に記述されています。「授業設計図」である学習指導案は，学校教育目標の具現化や，教育目標の達成状況を評価する際に重要な役割をもちます。

1）学習指導案を作成する意味

　学習指導案を作成して授業を行うことで，その授業が，教育目標を効果的に達成するための学習になっているかどうかを検討・検証することができます。具体的には，1時間の授業の中で，生徒がどのように考え，どのような学びをし，どのような学習成果をあげることができるのかについて，教師のこれまでの経験や教材研究をもとに，その見通しを詳細

に検討します。授業後には，教師の予想した反応と生徒の実態とのズレや，教育目標の達成状況を吟味・検証します。

2）教育課程の編成と指導計画

　学習指導案は，教科等の目標を実現するための指導計画の一つで，学校の教育課程にもとづいて作成されます。したがって，学習指導案を作成するとき，その1時間の授業がどのような位置付けにあるのかを理解していなければなりません。

　学習指導案を作成するもととなっている教育課程は，「学校教育の目的や目標を達成するために，教育の内容を生徒の心身の発達に応じ，授業時数との関連において総合的に組織した各学校の教育計画である」とされています（『中学校学習指導要領（平成29年告示）解説　総則編』，高等学校も同じ）。各学校の教育課程は，文部科学省が告示する中学校学習指導要領（高等学校学習指導要領）をもとに，地域や学校の実態，生徒の心身の発達と特性を考慮して，次のような手順で編成されます。

〈学校教育目標の設定〉

　教育基本法，学校教育法や学習指導要領などの関係法規をもとに，地域や学校の実態に即して設定します。

〈授業時数及び指導内容の設定〉

　各教科等の授業時数は，中学校は学校教育法施行規則の別表第二に定められている授業時数を標準にしています（表2）。高等学校の授業時数は，1単位時間を50分として35単位時間の授業を1単位とし，学習指導要領において各教科等の標準単位数が示されています。

　表2の中学校各教科等の授業時数は，1年365日（52週間）のうち，生徒の登校日が35週と定められていることにもとづいています。国語の

表2　中学校各教科等の授業時数

区　分		第1学年	第2学年	第3学年
各教科の授業時数	国語	140	140	105
	社会	105	105	140
	数学	140	105	140
	理科	105	140	140
	音楽	45	35	35
	美術	45	35	35
	保健体育	105	105	105
	技術・家庭	70	70	35
	外国語	140	140	140
特別の教科である道徳の授業時数		35	35	35
総合的な学習の時間の授業時数		50	70	70
特別活動の授業時数		35	35	35
総授業時数		1015	1015	1015

学校教育法施行規則別表第二より（令和6年4月現在）

場合，第1学年と第2学年の年間授業時数は140単位時間なので週に4回，第3学年は105単位時間なので週に3回の授業が行われます。また，道徳と特別活動の年間授業時数は各学年とも35単位時間なので，3年間を通じて週に1回の授業となります。各教科，道徳，総合的な学習の時間及び特別活動の授業時数に違いはありますが，総授業時数はどの学年も1015単位時間と定められています。

　授業時数に応じて指導内容をどう設定するか，そこでの目標をどう設定するかについて，中学校社会科の例を見てみましょう。年間授業時数は，第1学年105単位時間，第2学年105単位時間，第3学年140単位時間，合計350単位時間です。学習指導要領では，第1，第2学年を通じて地理的分野と歴史的分野を並行して学習させることを原則とし，

第3学年において歴史的分野と公民的分野を学習させることとしています。また，各分野に配当する授業時数は，地理的分野115単位時間，歴史的分野135単位時間，公民的分野100単位時間とすることが定められています。これらの点に留意しつつ，3年間を見通したうえで，目標や内容を的確に定め，社会科の年間指導計画を作成します。指導内容の設定にあたっては，学習指導要領を踏まえ，学校教育目標との関連をはかりながら，学校や地域，生徒，学年の実態に合わせた指導計画を作成することになります。

〈指導計画の作成〉

　各教科，道徳，総合的な学習の時間及び特別活動の目標を達成するため，学年ごとあるいは学級ごとに，指導目標，指導内容，指導の順序，指導方法，使用教材，単元等の時間配当などを定めたより具体的な計画を「指導計画」といいます。1時間の学習指導案は，この指導計画を拠りどころとして作成されます。各教科等の指導計画を作成する際は，次のような点に配慮します。

　　・各教科，道徳，総合的な学習の時間及び特別活動の相互に関連がはかられていること。
　　・発展的，系統的な指導ができるような指導計画であること。
　　・効果的な指導ができるように，指導内容のまとめ方，順序及び重点に適切な工夫を加えた指導計画であること。
　　・弾力的な指導計画であること。

（3）1時間の授業の構成

　1時間の授業を具体的に構想することは，学習指導案作成上最も重要

な部分です。また，教師の個性や創造性を最も発揮できるところでもあります。生徒の学習する姿や，授業の中で教材がどのように活かされるかをイメージしながら，時間をかけて構想を練りましょう。

　1時間の授業は，「導入」「展開」「まとめ」が基本的な流れです。以下，それぞれの段階での配慮事項を見ていきます。

【導入】

　導入段階の指導では，生徒に対して，これから始まる1時間の授業で何を学習するのかを確実に把握させます。また，生徒が興味・関心をもち，主体的に学習を進めていくための問題や課題の提示の仕方が大変重要となります。例えば，「○○を知っているかな？　みんなに話をしてください」と発問して，興味・関心や意欲をもたせたり，「どうして△△になるのでしょう」と発問して，問題意識をもたせたり，あるいは，「□□を調べてみましょう」と発問して，学習の方向性を示したりします。こうした視点から指導方法を検討し，できるだけ簡潔に学習活動を展開できるように配慮します。

【展開】

　展開段階の指導では，生徒が主体的に学習できる教材であるか，授業の目標を達成するための中心的な（山場となる）活動や発問をどのように工夫するか，生徒一人ひとりへの支援をどのように計画するかなど，指導方法を多面的に検討することが重要です。例えば，「どうやって調べたらよいでしょう」と発問して，学習する内容をはっきりさせたり，「本当にそうなりましたか？」と発問して，問題を深く追究させたり，あるいは，「なぜ，そうなったのですか？」と発問して，思考を深めさせたりします。生徒が「追究したい」「解決したい」という必要感がもてる学習課題を設定していることが重要です。

【まとめ】

　まとめの段階の指導では，１時間の授業を通して学習した内容について，生徒自身が学びを振り返り，その時間に学んだことを確認させたり，知識の再構築を促したり，わかったことを日常生活に置き換えて考えさせたりすることが重要です。例えば，「自分の考えたことと同じ結果になったかな？」と発問して，学習したことをまとめさせたり，「日常生活にあてはめて考えてみよう」と発問して，結果をまとめさせたり，あるいは，「自分の考えがどのように変わったかな？」と発問して，自らの学びを振り返らせたりします。そのうえで，次時以降の学習の予告をして，今後の学習活動の見通しをもたせるようにします。

　１時間の授業の流れを「導入」→「展開」→「まとめ」で示したのが図３です。授業の始まりにおいては，帰納的な考え方により，何を学習するのかを明確にして，学習に対する動機付けを行います。まとめの段階では，生徒自らが，学んだ知識を演繹的に再構築します。

　授業実習では，以上のことを参考にして学習指導案を作成します。

（４）学習指導案の検討と板書計画

１）目標の明確化

　授業を行うにあたり，１時間の授業の目標を明確にしておかなければ，よい授業を展開することはできません。１時間の授業で，生徒に何を学習させるのか，どのような知識・理解や技能・表現を身につけさせるのか，どのような思考力・判断力や態度を育てようとしているのかなど，授業の目標を具体的にし，目標が達成できたかどうかをどのように評価するのか（観点別評価）を明らかにしておかなければなりません。

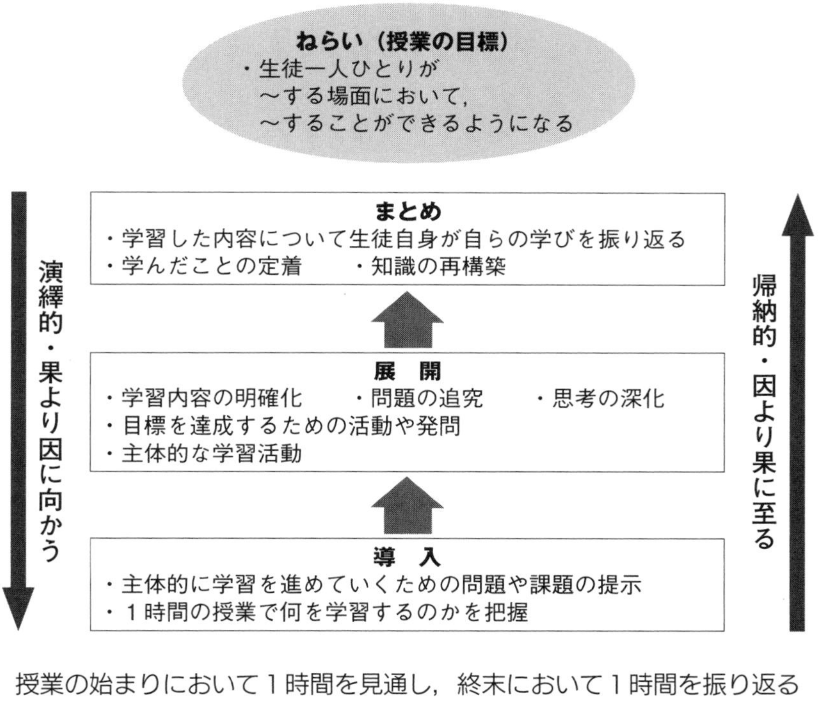

ねらい（授業の目標）
・生徒一人ひとりが
　〜する場面において，
　〜することができるようになる

まとめ
・学習した内容について生徒自身が自らの学びを振り返る
・学んだことの定着　　・知識の再構築

展　開
・学習内容の明確化　　・問題の追究　　　・思考の深化
・目標を達成するための活動や発問
・主体的な学習活動

導　入
・主体的に学習を進めていくための問題や課題の提示
・1時間の授業で何を学習するのかを把握

演繹的・果より因に向かう

帰納的・因より果に至る

授業の始まりにおいて1時間を見通し，終末において1時間を振り返る

図3　1時間の授業の構造（イメージ）

2）教材研究

　一般に授業とは，児童生徒が教材を媒介としてよりよい成長をし，自己実現していく過程であるといわれています。授業は，授業を構成する三要素である「教師」「生徒」「教材」が相互にかかわりあって展開されます。1時間の授業を行うにあたり，これらの三要素を事前に検討するのが教材研究です。教材研究の深浅如何で授業の成果が大きく変わるといわれるくらい，教材研究は重要です。教材研究を効果的に行うためには，以下の視点に留意する必要があります。

〈教材の検討〉

　自分が行おうとしている1時間の授業は、『学習指導要領解説』のどこに、どのように書かれているか、内容の系統性はどのような構造になっているかを調べます。また、各学校では、各教科、領域の年間指導計画を作成しています。自分が行おうとしている1時間の授業が、年間指導計画のどこに位置付けられ、どのような計画や内容になっているかを確認し、系統性や順序性等の観点から教材を検討します。

　教科書には、具体的な教材内容が示されています。教師自身がその教材内容を十分に理解できるまで読み込みます。また、教材内容に関する専門書を調べたり、教科書会社発行の指導書を読んだりして、教材でどのような力を身につけさせるのかや、内容の系統性等について理解を深めます。1時間の授業の目標を達成するためには、どのような資料、ワークシートや補助教材を使うのかも検討します。

〈生徒理解の検討〉

　学習指導案を作成する際に、最も重要なのが生徒理解の視点です。教材を提示したとき、生徒はどのような反応を示すのか、この場面ではどのような支援をしなければならないのか、この学習の流れで生徒は1時間の授業の目標を達成できるのかなど、生徒の思考を想像しながら教材内容を吟味し、学習指導過程を検討します。

〈教師自身の検討〉

　教師自身がどのような姿勢で生徒を指導・支援していくのか、どうすれば教育的愛情を基盤とした指導技術が十分に発揮できるのかを検討します。その教材内容をどんな順序で教えるのか、生徒の思いや考えをどうやって引き出すのか、どのような場面・方法で目標が達成できたかを評価するのか、必要な配慮事項は何かを自問自答します。

3）板書計画

　授業を進めたりまとめたりする場合，板書は有効な手段です。授業の要点や発問を明確に示すことができます。板書は，いつ，何を，どこに，どれだけ書くかを決めておきます。板書事項には関連性をもたせ，学習の流れがわかるようにします。授業を行う前に板書計画を立て，手元に持っていることは，教師の安心となり，生徒にとってわかりやすい授業につながります。

　板書は，要点や問題の提示とともに，生徒の学習過程を明確にすることができます。その際，生徒の反応をそのまま書くのではなく，精選し，生徒の思考の流れが見えるように工夫します。具体的で見やすくなるように，絵，図，チョークの色を工夫し，見やすい文字，大きさではっきり書きます。

　板書は黒板に書くだけではありません。資料を掲示する，重要な事項を掲示する，一度貼った資料を移動して貼り直す等，活用方法はいろいろあります。このほかにも，カードを貼る，マグネットを活用する，生徒に作業をさせる等があります。

（5）学習指導案の実際

　授業実習では，実習生が実際に授業を行います。それまでの補助者の立場から一歩前に進み，授業者としての姿勢が問われることになります。観察実習や参加実習，大学での講義などをもとにして，学習指導案を作成し，授業を行いましょう。

　各学校は独自の教育課程を編成し，授業は，どの学級でも意図的・計画的に行われています。指導教員から実習校の教育課程を見せてもらい，その指導計画に沿って学習指導案を作成します。

学習指導案の形式は，定まったものはありません。実習校で指定される場合もありますが，特に指定がなければ，次ページに紹介する一般的な学習指導案の様式に倣うのがよいでしょう。

（6）伝えるための表現・手段の工夫

1）表現方法の工夫

授業において大事なことは，教師自身が自分の伝えたいと思うことをいかに正確に伝えられるか，しかも，自分とは異なる認知状態にある数多くの生徒に伝えられるか，ということです。また，生徒どうしが自分の考えをほかの生徒に伝え，お互いの考えを交流し合うことができるか，ということも重要な視点です。わかりやすく伝える，相手と理解し合うといったコミュニケーション能力は，生徒だけではなく，教師自身も身につけておかなければなりません。

また，「百聞は一見に如かず」というように，言葉で説明するより見せた方がわかりやすいこともあります。見せるより体を動かした方が伝わりやすいこともあるでしょう。教師から生徒に考えを伝える，生徒どうしが考えを伝え合う手段として，次のような方法が考えられます。

〈考えを伝える／伝え合う〉

・口頭で説明する／口頭で説明させる，お互いに説明し合う

・文章を書く／文章を書かせる，書いた文章を交換させる

・黒板・ホワイトボードに書く／黒板・ホワイトボードに書かせる

・言葉や絵で表現する／言葉や絵で表現させる

・図や表・式で書く／図や表・式で書かせる

・体を動かして表現する／体を動かして表現させる

○○科　学習指導案

令和○年○月○日　第○校時
学級　○年○組（男子○名，女子○名）
教育実習生　○○　○○　　　　　　印
指導教諭　　○○　○○　　　　　　印

１．単元名
　基本的に，各学校の年間指導計画に示されている単元名または教材名を記述します。

２．単元について
　ここでは，教材観，学習観，生徒観という三つの視点から記述します。

　教材観…学習指導要領に示されている単元の目標を達成するために，生徒の実態を踏まえ，どのような教材を使い，その教材がどのような内容や系統性になっているのかなどを記述します。
　学習観…目標達成に向けて，生徒に何を気づかせたいのか，何を理解させようとするのか，どんな態度を育てようとするのか（学習指導の目的，意図，方針など）を具体的に記述します。
　生徒観…自分が指導する学習内容に対して，学級の生徒はどのような実態なのかを記述します。

３．単元の目標
　学習指導要領や各学校の年間指導計画に示されている総合的な目標や観点別目標を記述します。

４．単元の指導計画・評価計画
　各学校の年間指導計画や教科書会社発行の『指導書』に示されている指導計画や評価計画をもとに，生徒が理解しやすい順序と認識の深まりを想定した活動を考え，その指導計画と評価計画を記述します。

５．本時の学習指導（○／○時）
（１）本時の目標
　本時の学習内容に即して，具体的で評価可能な目標とその評価規準を記述します。
（２）本時の展開
　指導過程は，一般に，「導入」「展開」「まとめ」の三段階に大別されます。それぞれの指導過程において，学習内容（指導する内容），生徒の学習活動に対する教師の働きかけや支援，指導上の留意点や評価の観点と評価の具体的な方法，大まかな時間配分，その他に分けて，学習指導の内容を具体的に記述します。

・ものを作って表現する／ものを作って表現させる

　考えを伝える，伝え合う手段を検討する際は，以下に示すプレゼンテーションの要領を押さえておくとよいでしょう。

〈プレゼンテーションの要領〉
・伝えたいと思うことを明確にする。そのうえで，何を伝えたいのか，何をさせたいのかを具体的に，できるだけ少ない言葉で伝えられるようにする。
・先生はこれから何を言うのだろうか，何をするのだろうかという期待感をもたせるように，生徒が興味・関心のあるテーマ，ストーリーを用意する。
・授業でメディア等の媒体を活用する際は，それ自体は伝えるための手段にすぎないことを踏まえ，生徒の実態や伝える内容に合わせて提示の仕方を検討する。

2）ICT・視聴覚機器の活用

　教科書や副読本に載っている写真には，対象物を具体的にイメージできるという利点があります。しかし，点数に限りがあるため，タブレット端末や視聴覚機器を使ってそれを補うことができます。動きのある事象を表現することができるなど，表現の仕方も多様であるため，対象をより具体的に伝えることができます。市販のデジタル教材や，タブレット端末やデジタルカメラで撮影した画像・動画を取り込むなどして自作することもできます。

　また，地図や絵図等の掛図は，生徒が集中して考える場面を設定でき，作業した結果をまとめることができます。模造紙等に手書きで絵や図を描き込み，生徒に発表させてもよいでしょう。

いずれにしても，学習のどの場面で活用するのか，どんな教育的効果が得られるのかを想定したうえで導入することが肝要です。

（7）授業の振り返り

1）授業を振り返る視点

　教師は，授業の中でさまざまな工夫をしています。その一つひとつが生徒に有効に働いてこそ，1時間の目標の達成につながります。ここでは，授業実習を行った際に，授業を見直す七つの視点を紹介します。

【授業を見直す七つの視点】

ⅰ）目標達成状況：授業の目標は達成したか

　生徒は何を学ぶことができたかを，授業中の生徒の反応や態度，ノートなどの記録や小テストの結果から判断します。

ⅱ）教材研究：教材研究は十分だったか

　生徒は予想外の反応を示すものです。どのような反応にも対応できるように，教材研究を深めることが大事です。生徒の反応に適切に答え，生徒の反応を授業に活かすことができたかをもとに判断します。

ⅲ）わかりやすい発問：発問は生徒にとってわかりやすかったか

　発問をした後，同じ発問を繰り返したり，発問の説明をしたりすることはありませんでしたか。こうした発問はよくない発問です。授業は，教師の発問や指示により進むといっても過言ではありません。生徒が課題や問題を自分ごととしてとらえたり，考えたりすることができるように，具体的でわかりやすい発問や指示ができたかを判断します。

ⅳ）授業の流れ：授業の展開は適切であったか

　例えば，導入の段階で時間をかけすぎませんでしたか。生徒が理解し

ていないのに授業を進めませんでしたか。授業の進め方に無理・無駄が
なかったかを点検します。授業では，目標を達成するために下位目標を
設け，スモールステップで指導することもあります。

ⅴ）生徒の考えを活かす：生徒の考えを授業に活かしたか

　教師の願いは，生徒がよくわかる授業です。しかし，その結果，教師
の説明が多い授業になりやすいものです。どの生徒にもわかる授業を進
めるためには，生徒の意見や考えを活かすことが肝要です。

ⅵ）個に応じた指導：個に応じた指導をしたか

　理解の早い生徒，遅い生徒に応じた指導・支援ができていましたか。ク
ラスで一斉に指導するときも，一人ひとりの生徒に目を配り，理解でき
ているかを確かめながら授業を進めることが大事です。

ⅶ）誤った指導：間違った指導をしなかったか

　間違ったことを教えてしまうと，生徒は混乱し，指導の効果を低下さ
せるだけでなく，教師としての信頼をなくすことにもなります。教材研
究を深め，生徒の多様な意見や考えにも適切に対応できるように準備し，
授業に臨むことが求められます。

　また，授業を進めるには，基本的な指導技術が不可欠です。授業にお
ける基本的な指導技術「自己点検カード」（108ページ）の視点に沿って，
自分が行った授業を振り返り，点検しましょう。

2）授業を振り返る方法

　授業は，「教師」「生徒」「教材」の三者により成り立つため，授業者の
思い通りに進まないことが多いものです。また，授業のやりやすい教材
や生徒集団もあります。授業記録をもとに，学習指導案の計画と実際の
授業との相違を検証し，どのような授業展開をすればうまく進められる
かを検討します。

授業の記録方法は，筆記によるメモ，動画撮影，録音などで，生徒の特徴的な反応とそれに対する応答を分析し，生徒理解や学習指導のあり方の研究資料とします。動画撮影は，授業の妨げになることもあるため，事前に指導教員に相談します。また，撮影にあたっては，個人情報の保護や肖像権等に配慮する必要があります。

　授業実習は，学習内容に対する自らの理解を問い直す絶好の機会でもあります。それまでは，自分なりの方法で理解していれば事足りましたが，教える立場になると，それでは対応できません。一つの概念であっても，そこに至る過程はさまざまで，その一つひとつを正しく理解しておく必要があります。

　概念の多様さ，理解の多様さに気づき，教材そのものに対する自己の理解を深められるよう，日ごろ体験するさまざまな事象を納得するまで調べ，まとめてみる姿勢が大切になります。「教うるは学ぶの半ば」というように，教えることによって深く学ぶことができるのです。

課題　以下の教育理論を読み，考察しなさい。

　　　私が学習指導案を見る時の焦点は，通常「本時の展開」といわれている
　　ところ，すなわち，本時の授業がどのような内容や活動をどんな順序で展
　　開していくかを示した箇所に合わせられる。この内容や活動はほとんどの
　　場合，いくつかの項目，何本かの柱に分けられている。
　　　「聖徳太子」1時間扱いの授業でいえば，指導案中「本時の展開」に示
　　された内容は5本の柱に分けられていた。第一は，当時の日本が国として
　　のまとまりをほとんどもっていなかったこと，第二は，そのなかで太子が
　　統一国家の形成を目ざしたこと，ついで太子の代表的業績3つが，第三，
　　第四，第五の柱としてあげられていた。これらの柱について，どの柱が一
　　番太いのか，その他の柱の太さはどうか，それを「本時の目標」に照らし
　　て確認し，次に一番太い柱を心棒または大黒柱とし，これとのつながりの
　　なかでそれぞれの柱を位置づけ，柱の全部を一つの組み立て，つまり，構
　　造体としてとらえるのである。「聖徳太子」の例でいえば，第二の柱を大
　　黒柱として5本の柱を組み立てるのである。
　　　私は授業の内容や展開を一つの構造体としてとらえ，その「心棒」「大
　　黒柱」，つまり，この授業の目標とされている一番重要な内容に生徒たち
　　がどんな形で出会うのか。ねらいどおりに，「あたかもはじめて見つけ出
　　した（考え出した）かのようにして」これを学びとるのか，それとも，教
　　師からの一方的な提示に終わるのかどうか，この点を授業の山場と見なし，
　　ここに焦点を合わせて授業を見るのである。
　　　　　　　　（高久清吉『教育実践学―教師の力量形成の道―』教育出版，1990年）

（作業）著者は，授業の内容や展開を一つの構造体として見ることを勧めてい
　　　　るが，構造体として見るとはどのように見ることか。また，授業の山
　　　　場はどこにあると述べているか。200字以内で説明しなさい。

教育実習に関するアンケートより ③

Q 授業実習までにしておいた方がよいことは何ですか？

A 【授業関連】

　・実習校の年間指導計画の確認

　・指導案の書き方を知っておく，手本の指導案を読み込んでおく

　・発問計画，板書計画の作成

　・教科書の熟読，単元構想を練る

　・多くの教材や授業にふれる，教材がもつ価値について考える

　・授業で使うカードなどの作成，授業に必要な道具を揃える

　・担当学年の既習漢字を知っておく，板書や硬筆の練習

　・指導教員との連絡を密にしておく

【生活関連】

・規則正しい生活，早起き，１日３食，十分な睡眠

・生活用品を揃える，食糧の買い出し，朝ごはんの作り置き

・貯金の確認，お金をおろしておく

【その他】

・実習中に達成したい目標を決めておく

　・メモをとる習慣をつける

　・自分を追い込む経験

　・自分らしさを磨く

　　授業実習が始まるまでには，学習指導案を書けるように準備しておく必要があるようです。また，授業実習が始まると，食事を作る時間を確保するのも難しいようです。お金など生活に必要なものは，授業実習が始まる前に準備しておきましょう。

資料2　授業における基本的な指導技術「自己点検カード」

　指導技術の観点から，基礎的・基本的事項を10項目挙げてあります。1時間の授業が終わったら，すぐにこのカードにA・B・Cを記入します。記入は1分以内に済ませ，授業の実践記録をまとめるときに活用すると効果的です。

	内　容	評　価
1	単調な話し方ではなく，声のトーンや大きさを変えて話すようにしていた。	
2	生徒の前に立つとき，全体を見渡すことができる位置に意識的に立つようにしていた。	
3	生徒をしっかりと見て話すようにしていた。	
4	机間指導を意図的に行うようにしていた。	
5	板書のとき，完全に生徒に背を向けてしまわないようにし，時々生徒の方を振り返りながら板書するようにしていた。	
6	発言のさせ方について，挙手発言以外の方法を，意識的に取り入れるようにしていた。	
7	生徒の行動に対して，評価の言葉を工夫し，励ますように心がけていた。	
8	生徒にわかりやすい発問や指示を心がけ，生徒からの答えを予想して授業に臨んでいた。	
9	作業をさせるときの指示では，時間や進め方を簡潔に伝えるようにしていた。	
10	常に明るい表情で，授業を行うようにしていた。	

評価：A よくできた，　B ふつう，　C うまくできなかった

（出典）堀内一男監修・編『新たな時代の学校経営の座標軸』東京教育研究所，2008年，144頁をもとに作成

第7章

道徳・特別活動の
学習指導案づくり

（1）特別の教科である道徳の学習指導案づくり

1）道徳教育はどのように行われているか

【学校の教育活動全体を通じて行う】

　学校における道徳教育は，人間尊重の精神にもとづき，望ましい日本人を育成するため，その基盤としての道徳性を養うことを目指す教育活動です。生徒一人ひとりが，自分の生き方についての考えを深めるとともに，豊かな体験を通して，内面に根ざした道徳性が育まれるように進めなければなりません。具体的には，生徒が基本的な生活習慣や社会生活上のきまりを身につけ，善悪の判断基準を形成し，人間としてしてはならないことを判断し行動する能力等を身につけることを目指します。こうした特性から，道徳教育は，学校の教育活動全体を通して実施してこそ，はじめて成果があがるものです。特別の教科である道徳（道徳科）を要として，教科指導，特別活動，総合的な学習の時間，生徒指導など，教育活動のあらゆる場面で，道徳的な心情や判断力，意欲や態度を養うことが目標です。

　道徳教育を推進するため，各学校では「道徳教育全体計画」を作成しています。そこでは，学校の道徳教育の重点目標を達成するために，それぞれの教育活動の果たす役割が示されています。

【道徳科の目標】

　学校の教育活動全体を通じて行う道徳教育の要である道徳科の目標は，「中学校学習指導要領」（平成29年告示）において，「よりよく生きるための基盤となる道徳性を養うため，道徳的諸価値についての理解を基に，自己を見つめ，物事を広い視野から多面的・多角的に考え，人間としての生き方についての考えを深める学習を通して，道徳的な判断力，心情，実践意欲と態度を育てる」ことと示されています。道徳科は，主として学級担任が計画的に進めますが，各学校の道徳教育の目標の達成に向けて，全教師が協力し合う指導体制を充実させることが肝要です。

【道徳科の指導計画】

　各学校では，「道徳教育全体計画」にもとづき，各教科，総合的な学習の時間及び特別活動との関連を考慮して，道徳科の年間指導計画を作成しています。年間指導計画においては，次に示す内容項目について，各学年においてすべて取り上げることとされています。その際，生徒や学校の実態に応じて，3学年間を見通した重点的な指導や内容項目の関連を密にした指導，一つの内容項目を複数の時間で扱う指導を取り入れるなどの工夫が求められます。

【道徳科の内容項目】

　「中学校学習指導要領」（平成29年告示）には，道徳科の22の内容項目が示されています。生徒が自己を見つめ，物事を広い視野から多面的・多角的に考え，人間としての生き方についての考えを深めるための道徳的諸価値を，「A　主として自分自身に関すること」「B　主として人との関わりに関すること」「C　主として集団や社会との関わりに関すること」「D　主として生命や自然，崇高なものとの関わりに関すること」という4つの視点で分類整理しています（112, 113ページ参照）。

道徳科の内容項目（「中学校学習指導要領」より）

A　主として自分自身に関すること

[自主，自律，自由と責任] 自律の精神を重んじ，自主的に考え，判断し，誠実に実行してその結果に責任をもつこと。

[節度，節制] 望ましい生活習慣を身に付け，心身の健康の増進を図り，節度を守り節制に心掛け，安全で調和のある生活をすること。

[向上心，個性の伸長] 自己を見つめ，自己の向上を図るとともに，個性を伸ばして充実した生き方を追求すること。

[希望と勇気，克己と強い意志] より高い目標を設定し，その達成を目指し，希望と勇気をもち，困難や失敗を乗り越えて着実にやり遂げること。

[真理の探究，創造] 真実を大切にし，真理を探究して新しいものを生み出そうと努めること。

B　主として人との関わりに関すること

[思いやり，感謝] 思いやりの心をもって人と接するとともに，家族などの支えや多くの人々の善意により日々の生活や現在の自分があることに感謝し，進んでそれに応え，人間愛の精神を深めること。

[礼儀] 礼儀の意義を理解し，時と場に応じた適切な言動をとること。

[友情，信頼] 友情の尊さを理解して心から信頼できる友達をもち，互いに励まし合い，高め合うとともに，異性についての理解を深め，悩みや葛藤も経験しながら人間関係を深めていくこと。

[相互理解，寛容] 自分の考えや意見を相手に伝えるとともに，それぞれの個性や立場を尊重し，いろいろなものの見方や考え方があることを理解し，寛容の心をもって謙虚に他に学び，自らを高めていくこと。

C　主として集団や社会との関わりに関すること

[遵法精神，公徳心] 法やきまりの意義を理解し，それらを進んで守るとともに，そのよりよい在り方について考え，自他の権利を大切にし，義務を果たして，規律ある安定した社会の実現に努めること。

[公正，公平，社会正義] 正義と公正さを重んじ，誰に対しても公平に接

し，差別や偏見のない社会の実現に努めること。

［社会参画，公共の精神］社会参画の意識と社会連帯の自覚を高め，公共の精神をもってよりよい社会の実現に努めること。

［勤労］勤労の尊さや意義を理解し，将来の生き方について考えを深め，勤労を通じて社会に貢献すること。

［家族愛，家庭生活の充実］父母，祖父母を敬愛し，家族の一員としての自覚をもって充実した家庭生活を築くこと。

［よりよい学校生活，集団生活の充実］教師や学校の人々を敬愛し，学級や学校の一員としての自覚をもち，協力し合ってよりよい校風をつくるとともに，様々な集団の意義や集団の中での自分の役割と責任を自覚して集団生活の充実に努めること。

［郷土の伝統と文化の尊重，郷土を愛する態度］郷土の伝統と文化を大切にし，社会に尽くした先人や高齢者に尊敬の念を深め，地域社会の一員としての自覚をもって郷土を愛し，進んで郷土の発展に努めること。

［我が国の伝統と文化の尊重，国を愛する態度］優れた伝統の継承と新しい文化の創造に貢献するとともに，日本人としての自覚をもって国を愛し，国家及び社会の形成者として，その発展に努めること。

［国際理解，国際貢献］世界の中の日本人としての自覚をもち，他国を尊重し，国際的視野に立って，世界の平和と人類の発展に寄与すること。

D　主として生命や自然，崇高なものとの関わりに関すること

［生命の尊さ］生命の尊さについて，その連続性や有限性なども含めて理解し，かけがえのない生命を尊重すること。

［自然愛護］自然の崇高さを知り，自然環境を大切にすることの意義を理解し，進んで自然の愛護に努めること。

［感動，畏敬の念］美しいものや気高いものに感動する心をもち，人間の力を超えたものに対する畏敬の念を深めること。

［よりよく生きる喜び］人間には自らの弱さや醜さを克服する強さや気高く生きようとする心があることを理解し，人間として生きることに喜びを見いだすこと。

2）「題材」の構成

　「題材」とは，どのような道徳的価値を「ねらい」として，どのような「資料」を活用するのかを考えた，指導のまとまりのことです。このまとまりを，道徳科では，他の教科のように「単元」と呼ばずに「題材」と呼びます。

　「題材」は，「ねらい」となる道徳的価値と，「ねらい」を達成するための教材（資料）により構成されます。1単位時間で行われるのが一般的ですが，複数回にわたって行われることもあります。教材（資料）を検討する際は，まず，生徒の実態把握をもとに，その道徳科の時間に目標とする道徳的価値を設定します。次に，道徳的価値を達成するのにふさわしい教材（資料）を選びます。

　題材名は，「友情，信頼」や「生命の尊さ」のように，学習指導要領の内容項目名で示すのが簡潔でわかりやすいといえます。しかし，教材（資料）名で示す方が効果的な場合，例えば「友情，信頼」の代わりに「走れメロス」という教材（資料）名で提示する方法も考えられます。

【ねらいの明確化】

　道徳科の年間指導計画にもとづき，生徒の実態を踏まえて，本時のねらいを決めます。このとき，『中学校学習指導要領解説　特別の教科　道徳編』に示されている内容項目の指導の観点を参考にします。

【教材（資料）の分析】

　教材（資料）に精通することが，道徳科の時間を効果的に進めることにつながります。そのためには，まず，ねらいとする道徳的価値を念頭において，教材（資料）を熟読することです。一つの教材（資料）の中には，いくつかの道徳的価値が含まれています。その中から主に何を取り上げるのか，指導内容を絞ります。さらに，生徒が共感したり，感動したり，

葛藤が生じたりするところはどこかを読み取ります。登場人物等を図式化して分析してみるのも有効です。126, 127ページに, 中学生, 高校生に適した教材（資料）を紹介したので, 参考にしてください。

3) 道徳科の学習指導過程

生徒が教材（資料）に取り組む過程において, 道徳的な判断力, 心情, 実践意欲と態度が育まれるように授業を構想します。1時間の授業は, 一般に「導入」「展開」「終末」の三段階で構成されます。「終末」は各教科の「まとめ」にあたります。

【導入】

教材（資料）に対する生徒の興味・関心を高め, 本時の「ねらい」である道徳的価値の自覚や, 自己の生き方についての考えを深めるための動機付けをはかる段階です。生徒の生活経験と比較させたり, アンケート結果を示したりして, 問題意識を醸成・共有します。

【展開】

生徒一人ひとりが, 本時の「ねらい」の根底にある道徳的価値についての自覚を深める段階です。前段と後段に分けることができます。

前段は, 話し合いを通して, 一人ひとりの感じ方や考え方を明らかにしていく段階です。ここでは, 教材（資料）をもとに生徒どうしの話し合いを深め, 登場人物の心の迷いを見つめさせるなどしながら, 多様な価値観を引き出すことが大事です。

後段は, 自分自身のあり方に目を向けさせる段階です。「〜したことがある」「〜されたことがある」等, 自分の経験をもとに, そのときの気持ちや考えを振り返り, 今までの自分を見つめさせることが大切です。また, 自分とは異なる意見をもつ他者と議論することを通して, 道徳的価

値を多面的・多角的に考える段階でもあります。

【終末】

　本時の「ねらい」である道徳的価値について自分なりの考えをまとめ，今後の方向性をもたせる段階です。新たな考えを得て，道徳的価値への考えを深めたり，自らを振り返り，自己の生き方について考えたりすることを通して，学びの成果と深まりを実感させることが大事です。教師の説話（道徳的体験談，本の一節やことわざの紹介など）などを用いて，生徒が自覚した道徳的価値を，生徒自身が実践したいと思えるような，効果的な終末となるように工夫します。

4）道徳科の教材開発と指導の工夫

〈多様な教材（資料）の活用〉

・読み物資料（物語，伝記，劇，実話，詩など）の活用

・体験活動を教材として取り入れる

・各教科との関連をはかった教材

・家庭や地域社会との連携をはかった教材

・図書館や博物館の資料を活用した教材

〈心に響き，心が動く指導の工夫〉

・共感，葛藤，覚醒などが生じるような発問の工夫

・生徒の表現を引き出す工夫（手紙形式で書く，吹き出し形式にして書く，役割演技（ロールプレイ）など）

・説話の工夫（教師の体験談，日常生活の問題，新聞，雑誌，テレビ，ラジオなどで報道された話題を盛り込むなど）

・話し合いの仕方の工夫（座席の配置をどうするか，何人のグループで討議するか，ペアによる話し合いにするかなど）

・授業の終わりには，1時間の授業を通して思ったこと，考えたこと
をノートに書く

5）道徳科の学習指導案

○道徳科の学習指導案の例「よりよく生きる喜び」（中学校第3学年）

	学習内容	教師の働きかけ	教材（資料）
導入	読み物資料「目の見えない少女」の朗読	みなさんにお会いでき，一緒に人間の生き方について勉強できることを，とてもうれしく思います。 はじめに，朗読の得意な人にプリント資料を読んでもらいましょう。	①プリント教材「目の見えない少女」
展開	将来どんな仕事をし，何をこの世に遺したいか	感動的なお話でしたね。ところで，みなさんはどのような生き方をし，何をこの世に遺していきたいと考えていますか。一人ずつ聞かせてください。	
	内村鑑三が考えた後世への最大遺物は，「勇ましい高尚なる生涯」	みなさんは本当に真面目に自分の人生を考えていますね。みなさんの発言を聞いて，内村鑑三という明治時代の思想家の言葉が浮かんできました。	②内村鑑三『後世への最大遺物』
	二宮尊徳の少年時代のエピソード	180年ほど前に相模の国で，「勇ましい高尚なる生涯」を貫いた人がいました。誰でしょうか。	③二宮尊徳『報徳記』尊徳の生家，捨て苗を植えたどぶ，お墓の写真
終末	これからの人生航路で挫折しそうになったとき，目の見えない少女や二宮尊徳のことを思い出す	今日の授業を通して，自分の生き方について考えたことをノートに書きましょう。	

教材①：目の見えない少女

「心の眼を開く」

　すぎし世に　いかなる罪を犯せしか　祈る手のなき　吾れぞ悲しき

　これは手のない人の歌である。五体満足でも生きることを苦とし，世をはかなむ人も多い。一方，不具でありながら，屈せず堂々と生きている人がいるが，そのような人を見れば，襟を正して拝みたくなる。

　ここに，そのような少女がひとりいる。生まれながらに目が不自由でありながら，14歳の春に母親の涙で「開眼」し，今は18歳。お琴の稽古をしながら，人を恨まず，天を呪わず，盲目の人生を明るく逞しく生きている少女である。といっても，ここに至るまでには母子心中を思うほどのいばらの道であった。停電のときや目隠しをしたときの恐怖心，心の苛立ちを思いおこせばおわかりだろう。……生まれつき盲目の少女も，知恵がつくにつれて思うようにいかない苛立ちに母親を責めはじめた。

　「どうして，私だけが目が見えないの！お母さんの責任よ！」と言っては母を困らせた。そして，母もその切なさに部屋の隅で声を押しころして泣くのだった。ある日のこと，同じように母を責めたとき，母の押しころしたすすり泣きの声を，ふと耳にした少女は，そのとき，ハッとした。

　「そうだ。どこの親が可愛いい吾が子を盲目に生むだろうか。お母さんは，私以上に苦しんでいるのだ。」そう気がついたとき，少女の見えない目から，とめどもなく涙が流れはじめた。そして，どんなに親を責めたところで，この人生は，私が背負っていくしかない。盲目には，盲目としての道が与えられているはずだ。子どもの病気を親が代わってやれないように，どんな人でも自分でやらなければならないことがある。自分の運命は，自分で積極的に背負って行く以外に解決する道はないと気づいたのだった。すると，胸のつかえがとれ，心が明るくなったそうである。

　それから4年後，18歳になった少女の顔は，ニッコリ笑うと光り輝くようになった。その幸せそうな彼女に，ある人が「今，何か望みがありますか？」と尋ねた。

　彼女は「ええ，夢が一つあるの。叶えられない夢でしょうけど。それは，24時間，12時間，いや10時間でもいいから，はっきりものが見える目を貸してもらいたいの。そして，その10時間のうち，5時間はお母さんの膝の上からジィーとお母さんの顔を見たい。だって，お母さんの泣き声で，私は『心の眼』を開いたのですもの。そして，私があんなに苦しめたのに，いつも私をいたわり，助けてくれたんですもの。再び目が見えなくなって

も忘れないように，穴のあくほどお母さんの顔を見ていたい。あとの5時間は，カラーテレビを見たいわ。カラーって何でしょう。赤ってどんな色でしょうね。これは，もちろん，実現できない夢だけど，夢だから，また楽しいの。でもね，お母さんの顔は見えなくても，はっきり心の眼で見ることができるのよ。」と，涙をためつつもニッコリ笑ったそうである。

（出典）佐々木将人『日本人よ母心に帰れ―［文明病］から立ち直るために―』ぱるす出版，1989年，47–49頁．

教材②：後世への最大遺物

それならば最大遺物とは何であるか。私が考えてみますに人間が後世に遺すことのできる，ソウしてこれは誰にも遺すことができるところの遺物で，利益ばかりあって害のない遺物がある。それは何であるかならば勇ましい高尚なる生涯であると思います。これが本当の遺物ではないかと思う。

（出典）内村鑑三『後世への最大遺物　デンマルク国の話』岩波文庫，2011年，61頁．（初出は1911年刊行の「聖書之研究　第一三六号」）

教材③：二宮尊徳の少年時代

尊徳翁，名は尊徳，通称金次郎。父は二宮利右衛門，母は天明七（1787）年に金次郎を産み，やがて次男，三男も産まれた。先生が僅かに五歳のとき，酒匂川の洪水で利右衛門の田畑は悉く石河原となった。もとより赤貧，加えるにこの水害にあい，三子を養うために両親は心力を労すること幾千万，尊徳翁は終身，話がこのことに及ぶと必ず，涙を流して父母の大恩無量なることをいう。聞く者皆これがために涙を流せり。

（出典）黒岩一郎『新講　報徳記』明徳出版社，1967年，30頁．（一部筆者により現代表記）

（出典）土井進「感動する心を引き出す道徳授業」『道徳教育』No.305，明治図書，1986年，86-89頁．

（2）特別活動の学習指導案づくり

1）特別活動はどのように行われているか

【特別活動とは】

　特別活動の目標を簡潔にいうと，各教科等で身につけた資質・能力をを総合的に働かせて，集団や社会における問題を捉え，よりよい人間関係の形成，よりよい集団生活の構築や社会への参画及び自己の実現に結びつけられるような資質・能力を身につけることです。

　特別活動には，学級活動（高等学校はホームルーム活動），生徒会（児童会）活動，クラブ活動（小学校のみ），学校行事があります。教育実習の初日に，全校朝会で実習生の紹介があります。こうした行事も特別活動の一つです。

　学級活動は，文字どおり「学級の活動」で，担任教師が行う学級経営の核となる教育活動といえます。中学校の学級活動は，

- ・学級や学校の生活づくり（学級会，係活動，集会活動など）
- ・適応と成長及び健康安全（不安や悩みとその解決，望ましい人間関係の確立など）
- ・学業と進路（学ぶことと働くことの意義の理解，自主的な学習態度の形成など）

の三つの活動内容に整理され，それぞれの活動内容について，全学年で取り扱うことになっています。

　生徒会活動は，異年齢の生徒どうしで協力し，学校生活の充実と向上をはかるための諸問題の解決に向けて，計画を立て，役割を分担し，協力して運営します。

　学校行事は，よりよい学校生活を築くために，全校または学年の生徒

で協力して取り組みます。活動内容には，「儀式的行事」「文化的行事」「健康安全・体育的行事」「旅行・集団宿泊的行事」「勤労生産・奉仕的行事」の五つがあります。生徒が，それぞれの学校行事の意義と活動を行ううえで必要となることを理解し，主体的に考え，実践できるように指導します。

　ここでは，学級活動の教育活動について取り上げます。

【学級活動で育てたいもの】

　「中学校学習指導要領」（平成29年告示）に示された学級活動の目標から，学級活動で育てたいものを，以下の三つに整理することができます。

- ・望ましい人間関係……生徒どうしが互いに理解して尊重し，よさを認め合えるような人間関係。
- ・自主的，実践的な態度……目標をもち，学校・学級の一員としてよりよい生活を築くために役割を果たし，学校生活や学習，進路に関する諸問題について，みんなで話し合い，協力して解決したり，自己の生き方について考えを深めたりする自主的，実践的な態度。
- ・健全な生活態度……日常生活や社会生活を営むために必要な行動の仕方を身につけ，集団や社会の一員としての自覚や責任をもち，現在及び将来の生き方を考え行動していく態度，心身の健康を保持増進することができる態度。

２）学級活動の授業づくり

【特別活動の指導計画】

　各学校では，特別活動の目標を調和的かつ効果的に達成するため，学校教育目標にもとづき，毎年度，特別活動の全体計画を作成しています。全体計画には，特別活動の重点目標や各学年の目標，また，学級会活動

や生徒会活動，学校行事の目標・内容・指導の方針がそれぞれ示されています。そのうえで，年度当初に学校が作成した学校としての年間指導計画，学級担任が作成した学級ごとの年間指導計画を参照し，扱おうとしている活動内容（議題や題材）が，学校全体としてどのような実施計画・位置付けになっているかを確認します。

　学校としての学級活動の年間指導計画は，学校や生徒，地域の実態などを考慮して，特別活動主任が中心となって作成します。学級活動を進めるうえで拠りどころとなるもので，各学級の担任教師は，この計画を参照して，配列や内容を確認し，共通理解したうえで，学級の生徒の実態に応じた指導計画を作成します。

【学級活動の内容】

　学級活動では，学校や学級における生活づくりに参画するため，一人ひとりの生徒が主体的に，学校や学級における生活をよりよくするための課題を見いだし，解決するために話し合い，合意形成をはかり，実践することを通して，学校や学級における生活上の諸課題を解決していきます。

　学級活動の内容としては，例えば，学級目標の考案を通して，学級の一員として，互いの意見を尊重しながら，よりよい学級集団について話し合うことで，豊かな人間関係を構築するために，年度はじめに「学級目標を決めよう」を議題としたり，学級の一員としての自覚を高め，学級に対する所属感や連帯感を深めるとともに，互いのよさを認め，支え合いながら協力して実践する態度を育てるために，体育祭に向けて「大縄跳びを成功させよう」を議題としたり，生徒一人ひとりが個人目標を考えることを通して，新たな中学校生活への不安を取り除き，これからの生活に意欲をもてるようにするために，入学後に「中学校生活の目標を考えよう」を議題としたり，自主的に学習に取り組もうとする態度を

育てるために，「自主的な家庭学習」を議題としたりすることなどが考えられます。

3）学級活動の学習指導過程

学級活動は，学級における課題に気づかせ，その改善に向けて話し合いをし，合意形成をはかったうえで実践に移す，という流れが一般的です。具体的には，問題の発見→問題の整理→議題の選定→話し合い活動→合意形成→集団としての実践，個人としての実践→評価，という段階を踏んで行われます。

「議題の選定」では，生徒が自主的に活動に取り組めるよう，教師には，以下に示すような配慮や工夫が求められます。

・議題箱に投書された意見や，朝の会や帰りの会で話題になったこと，学級日誌に書かれていることなどから議題を収集し，議題化します。
・教師から議題例を示すことで，学級や学校の生活，その他日常生活に関するさまざまな課題を見つける目を育てることにつながります。
・学級全体で話し合う必要のある議題かどうか，事前に計画委員（学級活動委員）が検討し，確認します。生徒が自分たちでできそうな部分は任せるようにし，できない部分は教師が手助けをします。
・学級の生徒の問題には，いじめ問題，不登校問題など，生徒の自主的な活動に任せられないものもあることに留意します。

また，「話し合い活動」では，生徒の自主的な活動が展開されるように配慮，工夫します。教師は，生徒と共に考え，一緒になって解決していくという姿勢を常にもつことが大事です。小さな問題や少数意見にも耳を傾け，学級全体の問題として取り上げるなど，風通しのよい学級活動となるように支援します。

3）学級活動の学習指導案

○学級活動の学習指導案の例　議題「生活の乱れ」（中学校第1学年）

	学習内容	教師の働きかけ	資料
導入	開会のことば 議題の発表 生徒作文「生活の乱れ」を読む	計画委員会での検討過程を示し，本時の概要を説明する。 提案理由を補足し，学級への所属感が高まるような話し合いになるよう助言する。 「生活の乱れ」を読んで，思い当たることがあったかな。 4月に入学して今6月。これまでの学校生活について振り返り，率直に語り合おう。そして，改善する具体策を相談しよう。	プリント資料「生活の乱れ」
展開	話し合い活動 ・なぜ，学校生活がこのような状態になっているのか ・心の問題に気づく ・改善に向けた具体的な解決策について話し合う ・合意形成 ・実践に取り組む	生活が乱れていると感じる場面を具体的に挙げてみよう。 ①朝，遅刻してくる人がいる。 ②授業の始めのあいさつをしない人がいる。 ③パンが入っていた紙袋をゴミ箱めがけて投げ，入らなくてもそのままにしている。 ④他人の机の上に食べ物をこぼしてもそのままにして，後片付けしない。 ⑤掃除にまじめに取り組まない。トイレ掃除はホースで水をかけているだけ。 ⑥教室掃除で机を運ばない。 ⑦外掃除は手が汚れるといって，草とりをしない。 などが出された。	
終末	人間の心の弱さは，易きに流れるところにある 「錆が錆を呼ぶ」	「錆が錆を呼ぶ」とは，どういうことか考えてみよう。 話し合いを通して考えたことをノートにまとめ，明日から新たな気持ちで生活しよう。	

資料：生徒作文「生活の乱れ」

> 　生活の乱れについても考え直す必要があると思います。
> 　今日1日をみても、どうも授業がさわがしかったり、掃除をきちんとやらなかったり、けじめをつければ……と思われるような「心の乱れ」がありました。学校に大分慣れてきたせいか、「このぐらいはいいだろう」というような気持ちがあるような気がします。
> 　先生のお話の中にもあったように、その小さな心のくずれから大きなくずれへと、取り返しのつかないことになってしまいます。その小さなくずれをもう一度直すためにも、今、もう一度、けじめをつけて学校生活に取り組みたいと思います。
> 　学年の目あて「友達を大切にし、楽しい学校生活を送ろう」
> 　クラスの目あて「何事にもめげず、いつも明るく協力し合おう」
> という目標が、表面だけのものにならないようにしたいです。

課題　教育実習に参加した学生の論考を読んで、考察しなさい。

> ○「頭のいい先生」と「肚のできた先生」について
> 学生A　私は「頭のいい先生」と「肚のできた先生」は、別の人物であってはならないと考える。なぜなら、先生というものは教科指導をするだけでなく、生徒指導を通して人間を育成するという大切な使命を担っているからだ。
> 学生B　「頭のいい先生」になることは、研究や勉強をすればなれると考える。しかし、「肚のできた先生」になるには、「人」としてどう在るべきかを道徳的に培っておくことが大切で、それには学生時代からの修養が非常に大切であると考える。

（作業）二人の学生の論考から、学級担任の指導技術の優れた点を想像し、200字以内で記述しなさい。

資料3　中学生に贈る道徳教材

　無邪気に我を忘れて遊びに夢中になれた少年少女の日々が過ぎ，中学生ともなると自分を見つめ，苦悩するようになります。自己の内面を深く見つめ，葛藤しながら，現実の「おとな」の生き方への批判をしながら，真の「おとな」のあり方を模索し始めます。ここにおいて，人間としての自覚的な生き方が始まります。

　青年期の道徳的課題の第一は，自己の人格を磨き，立派な人間らしい人間になることを目指す決心をすること，つまり立志することです。「安政の大獄」により26歳の若さで処刑された橋本左内（1834-1859）が15歳の時に書いた『啓発録』は，理想に燃える青年の心を，時代を超えて私たちに感動をもって伝えてくれます。

　稚心とは，おさな心，すなわち子どもじみた心のことである。……人間でいえば，竹馬・凧・まりけりをはじめ，石投げや虫取りなどの遊びばかりに熱中し，菓子や果物など甘くておいしい食べ物ばかりをむさぼり，毎日なまけて安楽なことばかり追いかけ，親の目をぬすんで勉強や稽古ごとをおろそかにし，いつでも父や母によりかかって自分では何もせず，あるいはまた，父や兄に叱られるのを嫌って，常に母のかげに隠れ甘えるなどといったことは，すべて子どもじみた水っぽい心，つまりは「稚心」から生ずるのである。それも，幼い子どもの内は強いて責めるほどのこともないが，13，4歳に成長しみずから学問に志す年齢になって，この心がほんの少しでも残っていたら，何をしても決して上達せず，将来天下第一等の大人物となることはできない。

（出典）橋本左内著，伴五十嗣郎全訳注『啓発録』講談社学術文庫，1982年.

資料4　高校生に贈る道徳教材

　青年期の発達課題として，金銭感覚を身につけることと，望ましい異性関係を築くことが挙げられます。江戸時代の儒者・新井白石（1657-1725）が，青年期にこの二つを心に戒めてきたことを，自叙伝『折たく柴の記』に記しています。

　我13の時に国をさりてよりは，つねに他人の中にして，ひととなりたり。されば，したしくいひかたらひしものども多かりしに中に，つゐにそのまじはりを全くせし事は，我つつしみし所二つありき。いわゆる貨と色との二つ也。我としごろ多くの人を見しに，をのをの生まれ得る所の同じからねば，其人となれる所もまたをのをの同じからねど，かの二つの欲なき人のみ，かしこにありても，ここにありても，人にいとはるる事はなきもの也と仰られき。後にまた我師にてありし人も，ふるき人の申せし事あり，貨と色との二つによりて，怨を結びし事は，つゐにとけぬもの也と申しき。心得べき事也と仰られき。わかきも老たるも，よくよくいましめ思ふべき事也。

（出典）新井白石『折たく柴の記』岩波書店，1999年。（江戸中期の儒学者・政治家新井白石の自叙伝で1716年頃の執筆とされる）

第8章
研究授業と授業研究会，実習最終日のあいさつ

（1）教育実習の総まとめ

　教育実習の総まとめとして実施されるのが，研究授業とその授業研究会（lesson study），並びに担任に代わって実習生が配属クラスの1日すべての教育活動を担当する全日実習です。

　研究授業は，これまで教職課程で学んだことや，実習で学んだことの総まとめとして行います。研究授業後の授業研究会では，多くの先生方から指導・助言を受けることができます。

1）研究授業と授業研究会

　研究授業で実施する授業内容は，授業実習を踏まえ，指導教員と相談して決定します。授業内容が決まったら，教材研究を行い，第三者にも指導の流れがはっきりわかる，1時間の学習指導案（細案）を作成します。授業に先立ち，校長先生や副校長先生・教頭先生，指導教員の先生方に学習指導案を配付して，研究授業を見ていただき，その後の授業研究会で指導を仰ぐというのが一般的な形です。

　研究授業に臨むにあたっては，自分としてどのような考え，心構えで授業を行うかを考え，さらに，授業中の生徒の反応や，教師（自分自身）の発問や時間配分などを具体的にイメージしておくこと，つまり，真摯

に授業に向き合うことが大事です。そして，最も大切なことは，学ぶのは生徒であるという授業の本質を忘れないことです。

　また，授業研究会では，授業を参観してくださった先生方と実習生との協議の場がもたれます。授業研究会は，授業研究を通して，教師一人ひとりが授業力を向上させ，児童生徒に確かな学力を身につけさせることを目指す大切な場です。時に厳しい指摘を受けることもありますが，貴重な機会を与えていただいたことに対して，感謝の気持ちをもって臨みましょう。

2）全日実習

　全日実習は，実習生が配属クラスの担任教師に代わり，1日のすべての教育活動を行います。事前に「全日指導案」を作成して，指導教員の指導を受けます。

（2）研究授業を成功させるポイント

　研究授業は，実習期間中に学んだ成果をまとめる機会であると同時に，実践場面を多くの先生方に見ていただく貴重な機会でもあります。それまでの授業実習での実践が基本となりますが，以下に示すポイントをていねいに押さえ，研究授業を成功させましょう。

〈発問と板書計画〉

　授業中の生徒の反応や教師（自分自身）の発問等を具体的にイメージして，発問や板書の計画を立ます。授業では，学習指導案を教卓上に広げ，その横に発問予定や板書計画を並べておきます。それらを見ながら，落ち着いて授業を進めます。

〈目配りと机間指導〉

　授業中は，特定の生徒に視線や注意を集中させることなく，まんべんなく目配りをします。授業の途中には机間指導をして，一人ひとりのとらえ方や考え方をチェックしたり，わかっていない生徒への指導や支援を行います。

〈笑顔〉

　緊張しすぎて表情が固くならないようにします。また，緊張すると早口になりがちですので，ゆっくり呼吸をして，一人ひとりの生徒の顔を見ながら話すようにします。笑顔で生徒に接するほどの余裕をもって授業を進めましょう。

〈予想外の反応〉

　予想していなかった生徒の反応や質問が出ても，あわてずに落ち着いて対処します。無視したり，その場しのぎの回答をしてはいけません。「先生もそのことを調べて（考えて）いませんでした。次の時間までに調べて（考えて）おきますので，みなさんも調べて（考えて）みてください」などと指示します。

〈時間が余ったとき・時間が足りないとき〉

　時間が余りそうだったら，まとめの前に教材の音読をさせたり，授業の感想や授業を通してわかったことを書かせるなどの作業に取り組ませましょう。また，時間が足りなくなると思われる場合，無理をして予定の学習内容を終わらせることはやめましょう。授業の終了チャイムが鳴る5分前に，予定した学習内容の残りは次の時間に学習することを伝えます。そして，その時点までのまとめをするとよいでしょう。

（3）授業研究会の話は簡潔に

　研究授業が終わると，授業研究会が行われます。このとき，実習生は，どのようなことを話せばよいのでしょうか。授業研究会に臨む授業者（実習生）の人数により多少の違いはありますが，以下に示すようなコメントを参考に，授業者としての反省と感謝の言葉を10分程度にまとめて話しましょう。研究授業の準備に気をとられがちですが，有意義な授業研究会とするために，しっかり備えておきます。

〈授業を参観していただいたことへのお礼〉
　最初に，授業を参観していただいたことに感謝して，お礼の言葉を述べます。

　本日は，校長先生をはじめ諸先生方には，大変お忙しいなか，私の授業を参観してくださりまして，誠にありがとうございました。心から御礼申し上げます。

〈指導への感謝〉
　続けて，研究授業に至るまでの指導，協力に対してお礼の言葉を述べます。

　本日の授業を実施するに当たり，○○先生に，授業の構想，学習指導案の書き方から教材の作り方まで，懇切丁寧なご指導をいただきました。また，クラスの生徒は，一生懸命話を聞いてくれていたように思います。担任の先生のご指導のおかげと感謝しております。多くのご指導，ご協力をいただきましたことに，心から御礼申し上げます。ありがとうございました。

〈授業で目指したこと・予想と結果の違い〉

　本時のねらい，ねらいを達成するための授業構想や，1時間の授業の中で工夫したことを説明します。計画していたことに対して，実際の授業はどうであったかを振り返る視点も大切です。

　本時の授業は，△△をめあてに実施しました。生徒にとって□□をすることが難しいのではないかと考え，××の工夫をして授業に臨みました。

　しかし，課題を生徒から引き出すつもりが，自分で指示をしてしまい，生徒の課題にならなかったことを反省しています（授業の予想と結果をもとに話す）。

〈生徒から学んだこと〉

　授業中，教師（実習生）が想像もつかないような発言を生徒がして，そこから学ぶことがあります。また，生徒の反応が悪く，指導方法を振り返ることもあります。教師は，子ども（児童生徒）から学ぶ姿勢が大切です。

　授業を通して学んだことは，生徒の反応は大変微妙だということです。同じように話しても，そのときの表情や言葉の早さ，雰囲気によっても違ってくるようです。また，教材を提示しても，よく見てくれる生徒とそうでない生徒がいるなど，いろいろなことを学びました。

　生徒の反応を予想し，詳細な教材研究をして学習指導案を作り，授業をさせていただきました。「生徒理解」と言葉でいうのは簡単ですが，奥が深いことを知ることができました。実習を通して，教師になりたいという気持ちをいっそう強くしました。

〈指導・助言を受けて〉

　出席された先生方から，さまざまな視点から指導や助言があります。どんな意見にも，素直に耳を傾ける謙虚さをもちましょう。自らを省みることが，教師としての力量を向上させます。

　このたびは，貴重なご指導をいただき，本当にありがとうございました。ご指摘いただきましたことをしっかりと胸に刻み，これから努力してまいります。先生方の前での授業は，大変緊張しましたが，無事に研究授業を終えることができ，とてもうれしく，感謝しています。ありがとうございました。

（4）実習最終日のあいさつ

　教育実習の最終日，お世話になった実習校の教職員や生徒に向けて，お別れのあいさつをします。お別れのあいさつが実習校の教師や生徒に与える影響は大きく，出会いのあいさつと同じくらい，人間関係づくりにおいて大事です。さらに，この頃になると，実習生は生徒にとって身近な存在となり，その態度や姿勢，言動が与える影響も大きくなります。

　感謝の言葉とともに，気持ちのよいあいさつをして，教育実習を締めくくりましょう。

〈職員朝会・離任式でのあいさつ〉

　実習最終日の職員朝会の時間に，先生方にお礼のあいさつをします。実習生のために離任式を行ってくれる学校もあります。実習に協力してくださった教職員の方々や生徒への感謝の気持ちと，実習で学んだことを活かし，教師を目指して勉強する意気込みを簡潔に述べます。

このたび，３週間（２週間）の教育実習を受けさせていただき，誠にありがとうございました。短い間でしたが，とても充実した日々を過ごすことができました。校長先生をはじめ，教職員の方々，並びに生徒のみなさんのお陰であると感謝しています。

　大学に戻ったら，このような素晴らしい経験を活かして，教員採用試験に向けて全力で取り組みたいと思います。よい教師になれるように努力してまいりますので，今後ともご指導くださいますよう，よろしくお願い申し上げます。

〈配属学級の生徒の前でのあいさつ〉

　配属されたクラスの生徒にお礼のあいさつをします。「先生」として，生徒一人ひとりのこれからを思いやるような気持ちを込めてあいさつをします。あいさつの中で，クラスのよい点をほめて残してあげると，生徒にとって一生の財産になるかもしれません。

　〇年□組で３週間（２週間），先生になるために一生懸命，みなさんと勉強してきました。みなさんからは，たくさんのことを学ばせてもらいました。特に，体育祭でのチームワークのよさには本当に驚かされました。まさにワンチームでしたね。

　短い期間でしたが，楽しく，充実した時間を過ごすことができました。大学へ戻ったら，教育実習で学んだことをまとめて，先生になるためにもっともっと勉強します。みなさんも勉強や運動を頑張ってください。本当にありがとうございました。

課題　次の設問に記述式で回答しなさい。

① あなたが「研究授業」として取り組んだ教科（科目）は何ですか。
② どのような単元（道徳の場合は題材）を何時間扱いで設定しましたか。
③ 本時の「研究授業」は，単元の中の第何時間目でしたか。
④ 本時の「研究授業」のために，どのような教材開発に努めましたか。
⑤ 本時の「研究授業」において，生徒の学習活動を活発に促すために，どのような工夫を取り入れましたか。
⑥ 本時の「研究授業」の中で，うれしかったことはありましたか。
⑦ 本時の「研究授業」の中で，辛かったことはありましたか。
⑧ あなたは今，「授業とは何ですか？」と問われたら，何と答えますか。

教育実習に関するアンケートより ④

Q　実際に授業をしてみてどうでしたか？

A　【大変だったこと】

　・多くの意見をまとめること

　・話しながら生徒の発言を聞かなくてはならないこと

　・「嫌だ！やりたくない！」と予想外のブーイング

　・想像できないことが起こるのが当たり前だった

　・自分と生徒の思っていることや考えが違うとき，切り返しの言葉や対応
　　が難しい

【授業をするときに一番気をつけていたこと】

　・言葉づかい，声の大きさ

　・笑顔でいること，生徒が発言しやすい場をつくること

　・一対一の対話にならないこと，生徒とのコミュニケーションのもとに授
　　業を進めること

　・生徒が主体となる授業をすること

　・あまり手をあげない生徒の意見も拾うこと

【感想】

　・指導案通りにはいかないし，いくことが成功ではないと思った

　・緊張するけれど，始まってみると楽しい

　・塾と学校の授業は全く違う！

　・実際に生徒の前で授業をすることの責任を感じた

　・授業をすることに集中しすぎて，生徒のことを全く見られなかった

　・はじめは，緊張で指導案を片手に持っていないと授業ができなかった
　　が，回数を重ねるごとに，生徒の言葉に耳を傾けることができるように
　　なった

　・緊張してうまくいかないこともたくさんあったけれど，それ以上に得る
　　ものが多かった

第３部
事後指導

第9章

教育実習事後指導
―教育実習で何を学んだか―

（1）教育実習を終えて

1）教育実習を振り返る

　無事に教育実習が終わりました。実習期間中は１日１日をこなすのに必死だったと思いますが，こうして終わってみると，あっという間に感じられる人が多いのではないでしょうか。教育実習が終了した今の段階で，３週間（２週間）の実習全体を振り返り，リフレクション（reflection:省察）をします。自分の実践を振り返り，省察することは，次のステージへの飛躍台となります。

　次ページに示す四つの項目ごとに，自分が学んだことと課題となったことを省察して明確にし，一項目につき400字以内，全体で1,600字以内にまとめましょう。記述にあたっては，実習日誌を根拠として活用し，５Ｗ１Ｈ（When, Where, Who, What, Why, How）が入るように心がけてください。

　文豪・幸田露伴は「あとみよそわか」と繰り返し唱え，礼儀作法の心として，娘の文に振り返りの重要さを説きました。また，江戸時代の浮世絵師・菱川師宣の「見返り美人図」は，さりげなく自分の後姿を振り向いている，そのしぐさに美しさが見いだされているのではないかと思います。

【教育実習の振り返り四項目】

ⅰ）**実習校に関して**

・学校経営・学級経営で学んだこと

ⅱ）**教師に関して**

・教員の職務について学んだこと

・指導教員から学んだこと

ⅲ）**生徒理解に関して**

・生徒との信頼関係づくりについて学んだこと

・生徒から学んだこと

ⅳ）**学習指導に関して**

・教材研究・学習指導案の作成で学んだこと

・示範授業を参観して学んだこと

・研究授業を実践して学んだこと

2）実習日誌の提出・受け取り，大学への提出

　記入を終えた実習日誌，その他指示された書類は，期日を守って実習校に提出し，点検が終わったら受け取りに行きます。受け取った実習日誌は，速やかに大学実習担当教員，または所定の部署に提出します。実習日誌は，大学教員が内容を確認したうえで，実習生に返却されます。

（2）教育実習のお礼状の書き方

　教育実習でお世話になった校長先生をはじめ，指導教員の先生，そして生徒に，「教育実習をさせていただき，ありがとうございました」という感謝の気持ちを，お礼状という形で表現することも，教師としての人間性を磨く一歩です。お礼状は，パソコンではなく手書きで書くように

しましょう。

　お礼状を書く際に，文字を間違えたり，乱雑な文字で書いたりすると，感謝の気持ちが相手に伝わりません。黒か青のボールペン，もしくは万年筆で，心を込めてていねいに書きます。お礼状は実習後，遅くとも2週間以内に出すようにします。

　また，お世話になった実習校の先生方は，実習生のその後が気になるものです。教員採用試験の結果や，進路決定などの報告も忘れないようにしましょう。

1）校長先生へのお礼状

　冒頭，手紙と同じような定型のあいさつを書き，続けて，実習で学んだこと，生徒と一緒に授業をしたことの感想とともに，感謝の気持ちを表す言葉を述べるようにします。また，教員採用試験を受ける決意などを書くとよいでしょう。

　指導教員の先生や，配属された学級の担任の先生にも，同じようにお礼状を書きます。

2）生徒へのお礼状

　配属された学級の生徒には，先生方とは別に書きます。学級のよかったことや，生徒に勇気を与えるようなことを書きましょう。気をつけることとして，堅苦しすぎたり，形式にとらわれすぎたりする内容では，生徒が読んでも楽しくありません。ユーモアを忘れずに，ただし，教師として真面目な文章にするのがよいと思います。

　実習生の手紙は，教室に掲示され，多くの生徒に読んでもらえることでしょう。

　141, 142ページの文例を参考に，早速お礼状を書いてみましょう。

教育実習のお礼状の文例（校長先生へ）

拝啓　時下，校長先生におかれましては，ますますご清祥のこととお喜び申し上げます。

　教育実習では，校長先生をはじめ諸先生方に，ご指導や励ましをいただき，ありがとうございました。3週間（2週間）の教育実習を無事に終えることができたのも，ご多用にもかかわらず，先生方が温かく受け入れてくださり，丁寧なご指導をしてくださったおかげと感謝しております。

　教育実習中は何かと至らない点が多く，ご迷惑をおかけしたのではないかと存じますが，大学での授業では決して学ぶことのできない貴重な経験をさせていただきました。実際に生徒の前に立ってみて，授業をすることの難しさと素晴らしさを実感することができました。また，生徒の授業へ向かう意欲的な態度は素晴らしいものでした。

　このような様々な経験をすることができ，充実した教育実習を過ごしたと感じております。教師の道を選んだことを，心からよかったと思っております。

　この教育実習での経験を活かし，教職を目指し，教員採用試験に向けて頑張っていこうと思っております。

　末筆ながら，先生方のご健勝をお祈り申し上げます。

敬具

令和○年○月○日
　　○○大学○○学部
　　○○学科○年　　○○　○○

教育実習のお礼状の文例（生徒へ）

　みなさんこんにちは。元気に仲よく勉強していることと思います。みなさんの溌剌とした様子が目に浮かびます。

　私は今，大学に戻り，教育実習で勉強したことをもとに，先生になる勉強をしています。何事にも一生懸命で明るいみなさんに出会い，一層先生になりたいという気持ちが強くなり，勉強にも力が入るようになりました。みなさんに感謝の気持ちで一杯です。ありがとうございました。

　明るくいつも元気いっぱいの〇組のみなさんは，これからも友達と協力し合い，さらによいクラスを作っていくことと思います。

　元気なみなさんに，また会えることを楽しみにしています。

令和〇年〇月〇日
〇〇大学〇〇学部
〇〇学科〇年　〇〇〇〇

（3）実習日誌に見る学生の生徒観・教師観の変容

　教職課程を履修してきたものの，自分は一体，教職に向いているのか，先生としてやっていける素地があるのか等について，迷っている人も多いことでしょう。3〜4年次に受ける教育実習は，学生が教職への自己の適性を判断する貴重な機会となります。

　養成段階である大学において，学生が修得しなければならない実践的指導力の基礎について，教育実習という学生が初めて授業を創りだす活動に即して，その意味をより具体的にとらえていきます。

　本書では，授業は，「教師」「生徒」「教材」の三要素から成り立つと述べました。したがって，第1章で述べた，学生が教育実習を通して身につけなければならない実践的指導力の基礎も，この三要素に即して考えるのが適切と考えます。

　筆者は，教育実習を通して学生が身につけなければならない実践的指導力の基礎とは，

ⅰ）生徒に寄り添うことができる「人間力」
ⅱ）生徒の学びを引き出すことができる「教材開発力」
ⅲ）生徒と教材を結んで学びを成立させることができる「授業組織力」

という三つの力量であると考えています。

　ここでは，学生が，この三つの力量を，教育実習の日々においてどのように獲得していくのかを，小学校教員養成課程で学んだTさんの事例を，実習日誌をもとに考察していきます。

　まず，教育実習に先立って実施される「介護等体験」におけるTさんの学びから見ていきましょう。

1）介護等体験によって気づく「人間力」の不足

　教職を志す学生には，共通して次のような願いがあるように思います。すなわち，人間として，児童生徒とかかわりながら，自らを磨きつつ，社会の中で広い視野を培い，次代を担う児童生徒の土台となって生涯を捧げたい，という強い使命感です。

　このような使命感をもった学生にとって，「個人の尊厳及び社会連帯の理念に関する認識を深めること」「人の心の痛みがわかる人づくり，各人の価値観の相違を認められる心をもった人づくりの実現」を目指して平成10年度から実施されている介護等体験は，人間力を磨き，社会的な視野を広げるうえで，貴重な機会になっていると考えます。

　Ｔさんは，将来，特別支援学校の教員になりたいと念願していました。Ｔさんは，介護等体験の一環で，重度の障害児が学ぶ特別支援学校において，宿泊学習を体験しました。Ｔさんがこの活動を選んだのは，「子どもたちと仲良くなりたかった。だから，少しでも長い時間を一緒に過ごせる泊りの活動の方が，実際に障害のある子どもたちと接することができたり，先生方の指導方法を生で見ることができるのだから，いい刺激を与えてくれそうだ」と考えたからです。

　この宿泊学習は，山荘で一泊し，皆でご飯を作ったり，キャンプファイヤーをしたり，マレットゴルフをするという内容でした。Ｔさんは，中学部１年生の三人と一緒に行動することになりました。三人のうち二人は車椅子の女子生徒で，もう一人は自閉症の男子生徒でした。この三人の障害のある生徒との初めてのかかわりがどのようなものであったかについて，Ｔさんは次のように報告しています。

　　三人の中で最初に登校してきたのは，唯一の男の子Ｈ君だった。私があいさつをしても話しかけても，Ｈ君は全く無関心な様子。私がＨ君の肩をたたいたとき，Ｈ君はとても嫌そうに私の手を振り払っ

た。そしてそのとき，私は自閉症だった女性の書いた本を思い出した。彼女は本の中で，「母親に抱きしめてもらいたいと心は望むのに，体がそれを受け付けない」と書かれていた。H君もきっと，体に触れられることが苦痛に違いないと思い，それからは気をつけて接することができるようになった。

Tさんは，自分の思いが全く通じないことにショックを受けましたが，以前に読んだ書物の知識に支えられたようです。

　次に登校してきたのは，一番仲良くなったYさんだった。Yさんからは本当に多くのことを教えてもらった。彼女はとても頑張り屋で，何でも自分でやろうとする。彼女に何の断りもなく手を貸そうとすると，彼女は嫌がって私の手をどけようとする。何から何まで手を貸すことは，子どもたちにとって良くないと思っていたはずなのに，実際に子どもと接してみると，過保護なまでに手を出してしまう。私にはまだ彼女たちを信じて静かに見守ってあげることができない。

　私はこれまでに二回，少年自然の家と特別支援学校での活動に参加したが，どちらも私に自信を与えてくれた。しかし，今回の活動では逆に自信をなくし，不安になることが多かった。どう話しかけていいのか，自分には何ができるのか，本当にわからなくなった。何よりも自己嫌悪に陥ったのは，私自身障害のある人に対して偏見をもっていたということだった。自然と小さな子と話すような口調になったり，彼，彼女たちの体の発達に驚いたり，考えてみれば当たり前なのに，それに気がつかなかったのは，彼らを子ども扱いしていた証拠だろう。今回の活動で自分の未熟な面を嫌というほど思い知らされた。

しかし，この経験のおかげて意欲が刺激され，自分を高めていけそうな気がする。私が大学で学んでいきたいのは，スキンシップが心にどのように働くかであるが，今回H君と接してみてますます研究してみたいと思った。最初は私に無関心だったわけだが，だんだん慣れてくると笑いかけたり，手を握ったりしてくれた。あれほど嫌がっていたのに体に触れることを許してくれたのだ。これは彼の心が私を受け入れてくれたということだろうか。心と体はとても密接につながっていると思う。両者が互いにどのように働きあうのか，これから学んでいきたい。

Tさんは，介護等体験によって，自分の心の中にある偏見に気づき，激しい自己嫌悪に陥りましたが，このような駄目な自分を乗り越えようと必死に努力していくことによって，「人間力」を磨いていきました。介護等体験は，教育実習において身につけなければならない三つの力量の中でも，とりわけ「人間力」を鍛えていくうえで貴重な経験となったことがわかります。

2）教育実習による実践的指導力の基礎の習得

Tさんは，小学校4年生のクラスで教育実習を行いました。4週間の教育実習を積み重ねていくなかで，Tさんはどのように「人間力」「教材開発力」そして「授業組織力」を身につけていったのでしょうか。Tさんの教育実践と，そこから生じた心の葛藤を，実習日誌からつぶさに検討していきます。

2－1）子どもと同じ目線に立つ「人間力」

8月27日に初めて授業を任されたTさんは，そのことを次のように記しています。

今日は初めての授業だった。総合的な学習の時間で歌づくりをやっ
た。自分が観察者のときは授業全体を見ることができ，一人一人に
目を向けることができても，いざ自分が授業をするとなると，見え
る範囲がすごく狭くなってしまった。今日，初めての授業をやって
みて，一番心に残ったことは，子どもと同じ目線に立つことの難し
さである。

　準備してきたことをどのように展開しようかなどと，自分自身の動き
に神経が集中することによって，視野が狭まり，子どもに寄り添う「人
間力」を発揮できていない自分に気づいています。

２－２）授業を組織していく難しさ

　２日後の８月29日の実習日誌には，次のように記されています。

　今日はすごく考えさせられる１日だった。子どもの気持ちを大切
にしたいと考えながらも，全くそのように対応できない自分が情け
なかった。今日は図工の時間を担当したが，子どもに意欲を高めて
ほしいという願いを抱いていたはずなのに，気づかぬうちに「この
時間を楽しんでほしい」という思いに変わってしまった。

　念入りに準備した学習指導案であっても，実際の授業は，自分が考え
たようには展開していかないものです。子どもを理解し，教材を理解し，
子どもを教材にぶつからせながら学びを組織していくことは，容易なこ
とではありません。

２－３）子どもを叱る「人間力」

　Ｔさんは，教育実習の２週目が終わった８月31日に，初めてクラス全

員を前に叱りました。児童との関係が「まだまだ不十分だったので，皆にどうその気持ちを伝えるべきか悩んだが，ありのままに語る」ことにしたといいます。Ｔさんが我慢できないと思ったのは，「その前の授業中といい，給食準備や帰りの会の子どもたちの姿に本当にがっかりした」からです。「あんなに立派に行動できる力があるのに，授業中にクラスの皆がその力を出せないなんてもったいないと思った」からです。Ｔさんは，この場面を見逃すわけにはいかない，妥協してはいけないと思い，意を決して叱りました。すると「みんなが真剣に聞いてくれてうれしかった。叱ることは難しいと思っていたが，本当に難しい。何よりも叱っているとき，私自身がすごく辛い。こんな辛い思いはできるだけしたくないなあと思った」と率直に記しています。

　子どもを叱るには，まず自分の心を叱ってからでないとできないものです。Ｔさんは，子どもを叱ることによって，自らの「人間力」も鍛えていると考えられます。

２−４）実践的指導力のなさへの憤り
　９月４日の実習日誌には，自分の力量のなさへの憤りが綴られています。

　　子どもたちの力を生かしきれていない自分が情けない。教育実習を２週間終えて，私は自分の力のなさを実感している。授業中にわいわい騒いでしまうのは，子どもたちのせいではない。授業のあり方が子どもたちとぴったり寄り添えば，あんなにすばらしい態度で学習できるのだ。そのような環境を用意できなかった私自身のせいである。２週間教師という立場で子どもたちと接してきて，改めて難しい職業だと感じている。友達でもない，兄弟でもない，教師という立場は一体どのようなものなのだろうか。

実践的指導力とは，「人間力」「教材開発力」そして「授業組織力」が渾然一体となって，臨機に現れてくる力量といえます。このような力量が不足していることを素直に認めることができること，そして，それにめげずに発奮し，挑戦していく「負けじ魂」こそが，実践的指導力を獲得していく原動力であるといえます。このような挫折を乗り越えていくことによって，学生は力をつけていきます。

２－５）子どもの願いを授業に取り入れるゆとり

教育実習も３週目に入ってくると，次第に子どもが見えるようになり，子どもの心を受けとめて授業を組織していこうという姿勢が見えてきます。９月５日の実習日誌に次のような記述があります。

> 今日は国語の授業の担当だった。２時間続きの国語で，１時間目は別の実習生が担当だった。私は授業を設計したり，実習生の授業を見ながら，子どもたちの願いを授業に取り入れていくのはすごく難しいなあと思った。まずは子どもたちが願いをもてるような授業でなければならないし，その願いをうまく表現できるような声がけも必要である。また，教師側の願いと子どもの願いをうまくマッチングさせていく力も必要になる。授業を見ている立場では，細かな子どもの動きにまで目を向けることができるのに，授業者になってしまうと，そういう視点はどこかへ吹っ飛んでしまう。もっともっと子どもの言葉を受けとめて，あまり気負わずに余裕をもって授業ができるような力を身につけたい。

２－６）苦手な教科の教材開発

小学校教師は全教科を担当するため，当然苦手な教科の授業も受け持たなければなりません。苦手なものからは逃げたいのが人間の常です。し

かし，良薬は口に苦しといわれるように，苦手な教科の指導も，実践的指導力を磨く絶好の機会とすることができます。Ｔさんは，９月６日に，「あまり得意ではない」音楽の授業を担当することになりました。

　　私はすごく気が重かった。それでも自分なりにどうしようか考えながら，ビデオという手段を用いた授業を考えてみた。音楽が苦手という意識があるので，昨晩もこんな言葉がけをしよう，こうもしよう，ああもしようとノートにメモしたりした。しかし，やっぱり今日の授業はあまり満足できるものではなかった。きっとそれは，私がケチャックダンスを子どもたちと楽しもう，高めていこうという思いがもてなかったからだと思う。子どもたちにケチャを楽しんでほしいと願うのならば，自分が真っ先にそこへ向かわなければいけないように感じた。それが子どもと寄り添うということなのではないだろうか。

　教材を開発することは，授業者が学ぶことです。授業者が学んでいれば，子どもの前に立つ意欲が湧いてきます。教材研究を怠らず，適切な教材を開発することが，教育実習において実践的指導力を発揮する重要な要素です。

２−７）教師としての子どもを見る目
　９月12日に，同じクラスを担当している別の実習生が研究授業を行いました。その様子をつぶさに観察したＴさんは，授業が成立するということについて，次のように考察しています。

　　授業というのは本来，子どもの意見で進められていくものである。それなのに私たちは，この授業をあまりにもつくろうとし過ぎたの

ではないだろうか。子どもの意見で進めていく授業は，次に何が起こるかわからないので授業をやっていても非常に怖いと思う。その怖さのあまり，私たちはどの子に意見を言ってもらうか，必要以上に考えてしまった。私は今日の研究授業を見ていて，とてもスムーズに流れていったし，いい授業だと感じたけれども素直に喜べない。もう一度，このような授業をやってみたいとは決して思わない。もちろん，実際の子どもたちは私たちが考えたようには動いていかなかったが，私たちが考えた授業に子どもを引っ張り込んでいた気がする。研究授業という名目がなければ，もっともっと多くの子どもに寄り添った授業ができたのではないだろうか。子どもたちがすごく頼もしい姿を見せてくれただけに，予想される子どもの姿をそこまでイメージして，意図的に授業を進めようとしてきた今までの自分たちの姿に，とても罪悪感を覚える。もっと子どもたちを信じて，一緒に学んでいく授業を私自身の課題にしたいと思った。

　教育実習も4週目ともなってくると，授業を見る目がしっかりとできてきていることがわかります。
　9月14日に最後の授業を終えたTさんは，教育実習前の子どもを見る眼は，お兄さんやお姉さんとしての立場からの見方であったが，教育実習を経験することによって，教師としての子どもを見る眼が備わってきていることを実感することができたといいます。

　　私は大学に入ってから，たくさんの子どもとふれあうために，子どもとかかわる地域貢献活動の実行委員長に立候補して積極的に活動してきた。だから自分では，子どもと活動していくのは好きだし，うまくやっていけるものと思っていた。でも実際に授業をやって，子どもと向き合ってみると何かが違う。地域での活動では，お兄さ

ん・お姉さんの立場であるから，子どもと同じ方を向いていればよ
くて，一緒に楽しむことができた。でも，授業となるとそのような
一つの方向だけでは足りない。子どもと同じものを見ながら，もう
一方で見ている子どもたちを観る眼というものも必要だと思った。

　ここまでの記述を通して，教育実習前と教育実習後で，Ｔさん自身が
大きく変容していることに，筆者は教育実習のもつ大きな意義に感動を
覚えました。教育実習を通して，Ｔさんの子どもへのかかわり方は，お
兄さん・お姉さんから教師へと変わったといえるでしょう。
　いよいよ，長くて，短くて，辛くて，楽しかった教育実習も終わりを
迎えた９月17日の実習日誌には，Ｔさんが全人格をぶつけて教師として
の仕事に取り組み，教育実習を通して獲得していった教師観について力
強く書き込まれています。

　　この４週間を振り返って，教師とは何かを考えてみた。私は，教
　育実習前は，子どもの姿を見て環境を整えたり，学習を促すのが教
　師の役目だと思っていた。だから外から客観的に見ている監視役み
　たいなものが教師の立場だと思っていた。しかし，実際に授業を通
　して子どもとふれあってみて，それでは何も見えてこない。なぜ
　笑っているのか，なぜつまらなそうにしているのか，今どんな感情
　なのかもわからない。これがわかるようになる，わかろうとするに
　は，客観的な見方ではだめだ。内側から見つめていく眼，言い換え
　れば，もう一人の子ども自身になることが必要だと思う。子どもと
　教師が同じ環境のもとで，同じ人間としての立場に立って，同じ方
　向を向いて考える。そういうふうに師弟が同一化してこそ見えてく
　るものがあると思う。４週間経っての私の考える教師とは，「もう一
　人のその子自身」の立場になってあげることであるような気がする。

以上，私たちは，Ｔさんの実習日誌を通して，Ｔさんがどのようにして，ⅰ）子どもに寄り添う「人間力」を磨いたか，どのようにして，ⅱ）子どもの学びを引き出す「教材開発力」をつけていったか，そして，どのように悪戦苦闘しながら，ⅲ）子どもと教材を結んで学びを成立させる「授業組織力」を習得していったかを明らかにすることができたように思います。

3）生徒と伴走するときに発揮される教師の本領

　筆者は，30歳でようやく教員採用試験に合格し，教壇に立ちました。そのとき，元東京都文京区立第五中学校長の戸畑忠政先生が，次のような励ましの言葉をしたためてくださいました。

悉有仏性　　師弟同行　　師弟共育

　「仏性」とは，一切衆生が本来もっている仏となるべき性質（新村出編『広辞苑』岩波書店）です。「悉有仏性」という一句に，どの人にも無限の可能性が秘められているという仏教的人間観が示されています。すなわち，師も弟子も共に同じ人間としての地平に立っているということです。戸畑先生が，教員採用試験に合格したばかりの筆者に，教育者としての不動の原点を教えてくださったことに気づいたのは，ずっと後のことでした。

　こうした児童生徒と教師の関係を見事に表現した俳句に，「渋柿の／しぶがそのまま／甘さかな」（合気道師範・佐々木将人）があります。そのままではとても食べられない渋柿を児童生徒にたとえ，渋柿の皮をむいて太陽に当てて吊るす労作業を教師にたとえています。渋みという児童生徒の欠点こそ，一皮むいて太陽に当てることによって，本来秘めている無限の可能性が開花し，甘味この上ない干し柿に蘇生するということ

です。

　子どもの欠点に同苦（他者の苦しみを自身の苦しみとして受け入れること）しながら，真人間になるために一皮むく試練の行に「同行」し，伴走することによって「共育」していくところに，教育者の本領があるといえます。

　Ｔさんが，教育実習を通して感得した「教師とは『もう一人のその子自身』の立場になってあげること」だという気づきは，「悉有仏性　師弟同行　師弟共育」の本質を余すところなく感得したが故に，ほとばしり出た言葉であるように思います。

課題　実習日誌を読み，教育実習で身につけた「実践的指導力の基礎」について200字以内で記述しなさい。

おわりに
―教育実習からの10年―

　教育実習を無事成し遂げ，「教えるということ」「学ぶということ」について貴重な知識と技能を習得されたことと思います。とりわけ教職のプロとして，日々生徒の中に入り，種々に心を砕きながら，生徒の成長のために奮闘努力されている教師の生き様に接し，心に刻んだことは生涯の礎石となることでしょう。

　各大学における事後指導では，各自が研究授業で取り組んだ学習指導案や授業研究会での講評などを持ち寄って，相互に発表し交流する時間が設けられると思います。自分の教育実践を他者のそれと対比し，相対化する切磋琢磨の場は，一人よがりにならず謙虚な姿勢を身につけるうえで貴重な機会となります。他の学生の実践から学んだことも取り入れて，最後の省察文を書き，教育実習関係書類の一式（ポートフォリオ）として整理します。

　この書類一式を第一歩として，毎年研究授業を行い，第二，第三の教育実践記録を蓄積していきましょう。こうして10年の積み重ねをすることが，教師としての資質能力の飛躍的向上につながります。

　漢学者の諸橋轍次（1883–1982）の高弟で『広漢和辞典』（大修館）を編纂した鎌田正（1911–2008）は，大学を卒業する学生に次のように訓示しました。

　「君たちが大学で学んだことの真価は，大学を出てから10年で決まる。出てからこそが勉強である。大学を出てからも真剣に学びつづけたかど

うかによって，その人が決まってくる。」

　みなさんの中には，教員採用試験を受ける肚が決まり，難関に挑む人も多いと思います。たとえすぐに合格することができない場合でも，あきらめないでください。筆者は30歳でようやく合格通知を手にすることができました。試験に落ち憔悴しきっていた筆者に，恩師は「一度や二度の挫折で放棄するようでは，どの道に行ったってモノにならない」と叱咤激励してくださいました。

　まずはこれからの10年，一剣を磨いていきましょう！

令和６年６月

土井 進

索　引

用　語

【あ】

ICT　21, 24, 61, 77, 102
安全指導　18, 76, 81〜83

【い】

生きる力　19, 72
いじめ問題　21, 24, 42, 86〜89, 123
意図的・計画的　64, 71, 81, 91, 99

【え】

栄養教諭　20

【お】

お礼状　139, 140〜142

【か】

介護等体験　143, 144, 146
学習過程　99
学習指導案　12, 18, 19, 90〜92, 94, 96, 98〜101, 104, 106, 107,
　　110, 117, 120, 124, 128, 129, 131, 132, 139, 147, 156
学習指導過程（指導過程）　98, 101, 115, 123
学年目標　64, 66
課題解決能力　20, 21
学級活動　53, 74, 78, 81, 83, 120〜124
学級経営　12, 23, 39, 60, 61, 66〜70, 120, 139
学級集団　19, 66, 67, 68, 70, 71, 122
学級担任　64, 66, 67, 68, 69, 70, 73, 78〜82, 111, 122, 125
学級づくり　19, 75
学級目標　64, 122
学校教育目標　60, 64, 65, 80, 91, 92, 94, 121
学校行事　18, 38, 72, 74, 81, 120, 121, 122
学校経営　39, 60, 64, 66, 139
学校図書館　71
観察実習　17, 18, 34, 59〜62, 74, 76, 99

人　名

法律等

課題（作業）の解答

22ページ（1）

　①教育者としての使命感

　②人間の成長・発達についての深い理解

　③幼児・児童・生徒に対する教育的愛情

　④教科等に関する専門的知識

　⑤広く豊かな教養

　説明は省略。それぞれ考えた説明を発表し合い，グループ等で考えを
まとめましょう。

22ページ（2）

　【　　　　】に入る語は実践的指導力。

　実践的指導力と「学び続ける教員」の関係について考え，学生どうし
で話し合いましょう。

23ページ（3）

　省略。学生どうしで答えが共通する箇所・しない箇所をそれぞれ確認
して，お互いに意見を述べ合いましょう。

46ページ

　①人をあなどらないようになる修練

　②人を信ずるようになる修練

　③自分が思いあがらないようにする修練

　④つい思いあがってしまった自分に気づき，これを克服する修練

　これらの修練についての考察は省略。それぞれ考えた説明を発表し合
い，グループ等で考えをまとめましょう。

59ページ

狭義の「実践的指導力」は，方法・技術的な習熟から生まれる指導力。
広義の「実践的指導力」は，主体的，自主的な理解や判断に基づいた
実践から生まれる指導力。

両者の一番の違いは，実践者が自分の内から湧いてきた主体的な意志
に基づいて実践することによって習得した指導力であるか，それとも
外発的な要因に従って習得した指導力であるかということ。

73, 84, 106, 125ページ

省略。それぞれの考えを発表し合い，グループ等で考えをまとめましょ
う。

135, 154ページ

省略。

86ページ（資料1「三容器の協力関係」の解法）

以下のような表を用いると考えやすい。

手順	大（10）	中（7）	小（3）
0	10	0	0
1	3	7	0
2	3	4	3
3	6	4	0
4	6	1	3
5	9	1	0
6	9	0	1
7	2	7	1
8	2	5	3
9	5	5	0

【著者】土井 進（どい すすむ） 昭和23年富山県生まれ

淑徳大学客員教授

東京教育大学大学院教育学研究科修士課程修了　教育学修士

東京都社会教育指導員，社会教育主事補，東京都中学校教諭，お茶の水女子大学附属中学校教諭，同文教育学部非常勤講師，信州大学教育学部附属教育実践研究指導センター助教授，同附属教育実践総合センター長，同教育科学講座教授，同大学院教育学研究科教授，同附属松本小学校長，淑徳大学人文学部特任教授，長野保健医療大学大学院保健学研究科・非常勤講師などを歴任。

平成6年から学校週5日制の休業土曜日に対応した地域連携活動「信大YOU遊サタデー」を主宰し，教師を目指す学生が，地域の子どもたちとの体験活動を通して実践的指導力の基礎を身につける取り組みを全国に先駆けて実施。現在も「全国フレンドシップ活動」として引き継がれている。

新時代の中等教育実習事前・事後指導

2024年7月11日　初版第1刷発行

著　者　土井 進
発行者　佐々木 隆好
発行所　株式会社ジダイ社
　　　　〒330-0064
　　　　埼玉県さいたま市浦和区岸町4-17-1-204
　　　　TEL 048-711-1802　FAX 048-711-1804

印刷・製本　モリモト印刷株式会社

ISBN978-4-909124-62-3
Printed in Japan